WHEN HISTORY MEOWS

如果歷史是一群喵 12

元末明初篇

肥志 編繪

國家圖書館出版品預行編目 (CIP) 資料

如果歷史是一群喵 . 12, 元末明初篇 (萌貓漫畫學歷史)/ 肥志編 . 繪 . -- 初版 . -- 新北市 : 野人文化股份有限公司出版 : 遠足文化事業股份有限公司發行 , 2023.07
面 ;　公分 . -- (Graphic times ; 26)
ISBN 978-986-384-889-9　(平裝)

1.CST: 中國史 2.CST: 通俗史話 3.CST: 漫畫

610.9　　111020154

Graphic Times 26

如果歷史是一群喵 12

元末明初篇

繪　　者　肥志
編　　者　肥志

社　　長　張瑩瑩
總 編 輯　蔡麗真
副 主 編　徐子涵
責任編輯　余文馨
校　　對　魏秋綢
行銷企劃經理　林麗紅
行銷企劃　蔡逸萱、李映柔
設　　計　林遠志、林榮輝
繁中版封面設計　周家瑤
繁中版美術設計　洪素貞、許庭瑄

出版　野人文化股份有限公司
發行　遠足文化事業股份有限公司
地址：231 新北市新店區民權路 108-2 號 9 樓
電話：（02）2218-1417　傳真：（02）8667-1065
電子信箱：service@bookrep.com.tw
網址：www.bookrep.com.tw
郵撥帳號：19504465 遠足文化事業股份有限公司
客服專線：0800-221-029
法律顧問　華洋法律事務所　蘇文生律師
印製　凱林彩印股份有限公司
初版首刷　2023 年 07 月

序

元是中國歷史上一個十分輝煌的朝代。

在歷朝歷代中，元有著最大的版圖面積。從成吉思汗開始，來自草原的軍隊東征西討，將國家版圖擴展至1372萬平方公里，有詩人自豪地寫下「大元至大古今無」的詩句。這個時期的疆土，大部分被明、清繼承，基本確立了之後中國版圖的邊界。而元代建立的行省制度，也為當今的省級行政區劃制度奠定了基礎。

可是，除了「很大」的印象之外，很多人或許並不瞭解元代。

從誕生到結束，元一共經歷了九十七年的時間，因為比較「短暫」，很多歷史書上常常幾頁紙就能寫完。

然而，這是很不平靜的九十七年。大到民族矛盾，小到權臣紛爭……各種讓統治者頭疼的場面其實都沒有缺席。而且，大還有大的難處，因為疆土廣大，元所面臨的問題更加特殊。如何在這個巨大帝國當中維持統治，始終困擾著元。

所以本卷書想要做的，是更深入地呈現元的歷史興衰。看看元這樣一個「巨人」究竟是怎麼生存和發展，最後又是怎麼在農民起義中被明朝取代的。

大家會看到多位活躍在這段歷史中的主角：有為了治理廣大的帝國，建立了行省制度的忽必烈；有試圖為元朝力挽狂瀾的脫脫；有農民起義的領袖韓山童、張士誠、陳友諒；還有白手起家，直至建立了大明朝的開國皇帝朱元璋……

本卷的參考文獻以《元史》《明史》為主，結合了現代學者在《中國通史》等作品中的歷史分析，還參考了《遼金元社會與民俗文化》等專題史，希望能借此展現一段層次豐富的歷史。

當然，歷史始終是複雜的、多面的。希望這卷書可以幫助讀者瞭解歷史的知識，感受歷史的樂趣，從而有所收穫與感悟。

謝謝大家，讓我們下回再見。

目錄

正文讀取順序從左往右，
對白、注釋以及編者按讀取順序從右往左。

第一百三十八回◉世祖立制

唐末五代以後，

宋皇朝實現了**中原**漢地的**統一**。

蔡美彪《中國通史》：

「九六〇年，宋太祖趙匡胤推翻後周，建立宋朝，結束了五代十國時期的封建割據。漢族政權，重又歸於統一了。」

但兩宋三百餘年

卻始終處於**戰爭**的威脅之中，

傅樂成《中國通史》：

「宋的歷史分成兩個時期：從太祖建隆元年（960）到欽宗靖康元年（1126），稱北宋……從高宗建炎元年（1127）到帝昺祥興二年（1279），稱南宋……」

蔡美彪《中國通史》：

「遼、宋、夏、金、吐蕃、大理等國長期並立，相互爭奪，已有三百餘年之久。」

最終在一個國家的鐵蹄之下**諸國盡滅**，

周良霄、顧菊英《元史》：

「五代十國之後是北宋與遼、西夏的對峙，繼而則是金、南宋、西夏的鼎立。至於蒙古、新疆、西藏、雲南等少數民族地區都是兄弟民族政權割據。蒙古統治者依靠武力陸續征服了這些民族和地區……」

誕生了一個空前大統一的**多民族統一**國家。

周良霄、顧菊英《元史》：
「……完成了空前未有的大統一。它是第一個由少數民族來統治一個前所未有的大統一中國的王朝。」
白鋼《中國政治制度通史》：
「在中國作為統一多民族國家的形成過程中……起了極其重要的作用。」

這就是**元朝**。

《元史．卷五十八》：
「（元朝）起朔漠，並西域，平西夏，滅女真，臣高麗，定南詔，遂下江南，而天下為一……」

它的**疆域**前所未有地**遼闊**，

《元史．卷五十八》：
「自封建變為郡縣，有天下者，漢、隋、唐、宋為盛，然幅員之廣，咸不逮元……其（元朝）地北逾陰山，西極流沙，東盡遼左，南越海表……東南所至不下漢、唐，而西北則過之，有難以里數限者矣。」

民族**多樣性**也更加複雜。

馬大正《中國邊疆經略史》：
「在元朝地域廣袤的邊疆地區，分布著為數眾多的少數民族。漠南漠北是蒙古族的主要聚居區，謙州西北有乞兒吉思等族居民。東北地區有女真、水達達、兀者以及吉里迷、骨嵬等。西北地方有党項、羌、畏兀兒、哈剌魯等民族。」

建立如此**龐大**的帝國是中華歷史上的**第一次**。

白鋼《中國政治制度通史》：
「元朝的統一，結束了長期以來南北對峙的歷史，並使許多邊疆地區納入同一中央政權統治之下……規模之大，是中國歷史上從來不曾有過的。」

所以，作為它的**開創者**，

元世祖**忽必烈**喵也開始了對這個龐大帝國的**治理**。

《元史·卷四》：「世祖聖德神功文武皇帝，諱忽必烈，睿宗皇帝第四子。」

翦伯贊《中國史綱要》：「元世祖忽必烈至元八年（1271年）定國號為元，建立了元朝。」

作為一個涵蓋**多民族**的統一政權，

全國各地的文化、習俗**差異巨大**。

徐連達《遼金元社會與民俗文化》：「遼金元時期契丹、女真、蒙古、色目、漢人諸族……各有其語言、文字、生活、風俗、習慣的差異。」

處於**統治階級**的蒙古族喵民大約有**四十萬**，

韓儒林《元朝史》：「元時蒙古人到中原來的約有四十萬人。」

但元朝整體**喵民**數量則有**六千萬**。

陳高華、史衛民《中國經濟通史·元代經濟卷》：「元朝的人口數字，達到6000餘萬……」

要駕馭這樣一個帝國是很有**難度**的，

馬大正《中國邊疆經略史》：「實行何種政策與措施，才能將地域綿長闊遠、民族情況複雜的邊疆地區比較牢固地統一在國家版圖之內？這是元朝統治者面臨的一個實際問題。」

所以忽必烈喵需要在各個方面**採取措施**以加強統治，防止分裂。

白鋼《中國政治制度通史》：「全國統一後，忽必烈在行政、軍事、財政、監察等各方面採取了許多的措施，旨在鞏固統一的局面，加強對各族人民的統治。」

元朝實行的是**行省制**，

張豈之《中國歷史·元明清卷》：

「在行政區劃方面，元朝逐漸形成一套行省制度，對廣袤的疆土實施了有效的統治。」

《新元史·卷五十五》：

「行中書省。秩從一品，國初，有征伐之事，皆稱行省，未有定制。至元元年（1264年），始分立行中書省，皆以省官出領其事。其後嫌於外重，改為行中書省。」

忽必烈喵將全國分為**十一個「省」**。

中央設置**中書省**，

地方則是**行中書省**，簡稱「行省」。

蔡美彪《中國通史》：

「元朝建國後，在中央立中書省。省臣被派往地方執政，稱為行中書省事。行中書省（簡稱「行省」）成為固定的官府的名稱，並進而成為地方行政區劃的名稱。」

韓儒林《元朝史》：

「至元二十七年（1290年），元廷在全國範圍調整行省建制，除中書省直轄山東、山西、河北等地以外，全國分置十個行省……」

行省**權力極大**，

包含了行政、軍事、財政等**各方面**的權力。

《元史．卷九十一》：
「行中書省……掌國庶務，統郡縣，鎮邊鄙，與都省為表裡……凡錢糧、兵甲、屯種、漕運、軍國重事，無不領之。」

各行省官員由**中央**直接**任命**，

《至正集．卷三十二》：
「都省握天下之機，十省分天下之治，然十省之屬，自管庫而上，皆命於朝……」

且官員隊伍中須包含**多個民族**，

李治安《行省制度研究》：
「行省多名官員中，常常是蒙古人、色目人、漢人及南人交參任用。」

使其彼此**牽制**，相互**制衡**。

李治安《行省制度研究》：
「行省內部實行群官圓署和種族交參制，以成互相牽制、分權制衡之勢。」

行省官員除了要向皇帝**彙報**工作外，

白鋼《中國政治制度史》：
「行省不僅在品秩上稍低於中書省，在權力行使上也要受到中書省乃至樞密院的節制……行省官員一定時期內還要去覲見皇帝，盡述職之責。」

還得不定期**調來調去**，

李治安《行省制度研究》：
「行省轄區內宣慰司、路府州縣、漢軍萬戶等仍接受朝廷（吏部、樞密院）的任用、遷調、考課等管理……行省朝覲述職和不定期遷調，朝廷遣官鉤考、巡察等，或經常舉行，或成為定制。」

完了還設置監察機構**監督**各行省。

張豈之《中國歷史．元明清卷》：「元朝行省制度在中國地方行政史上有很大獨創性……行省處理轄區內事務在原則上都要按照朝廷典制行事，並接受監察機構的監察。」

在以往的朝代，
行政區域是以**地形**來**劃分**的，

李治安《行省制度研究》：「秦漢以來，地方行政區劃大抵依山川地形的自然界限或歷史傳統等因素來確定……」

例如按照**山脈**、**河流**。

《舊唐書．卷三十八》：「自隋季喪亂，群盜初附，權置州郡，倍於開皇、大業之間，貞觀元年（627年），悉令並省。始於山河形便，分為十道……」

元朝行省制則直接**不按**地形劃分，

李治安《行省制度研究》：

「自元代始，行省區劃主要以中央軍事控制為目的，不惜打破自然地理界限……又呈以北制南之勢。」

這塊地方的山脈我劃給**隔壁**，

李治安《行省制度研究》：

「……秦嶺以南的漢中地區被劃歸陝西行省，使四川盆地的北向門戶洞開，無險可守。」

藍勇《中國歷史地理》：

「元朝在行政區域的劃分上……使各省的轄區犬牙交錯，互相牽制，使任何一省都不擁有完整的形勝之區，如陝西行省從黃土高原、關中平原越過秦嶺而有漢中盆地，最南達大巴山地……」

隔壁的河流又給你劃到**另一個**地方去。

藍勇《中國歷史地理》：

「……湖廣行省、江西行省自長江、越南嶺而包括廣西、廣東。」

通過這樣交錯的劃分，
使各行省**失去**了天然的**地理屏障**，
難以形成割據勢力。

陝西行省
服
行省
貼

李治安《行省制度研究》：「（元朝）以北制南，各省北向門戶洞開和人為實行形格勢禁的政策，在漢地諸行省表現最為突出，從而使行省官失去了扼險而守、割據稱雄的地理條件，朝廷就比較容易控制了。」

而對於**邊境**地區，
忽必烈喵也**沒**有**放過**。

以往的朝代最多就是**打到你服輸**之後，
給封個**名分**，

以後乖乖的，就讓你們在邊境上做個王吧！

方鐵《邊疆民族史新探》：「羈縻政策，是元代以前的封建王朝應對邊疆及其以遠地區夷狄的重要政策。」「羈縻治策的基本內容是封建王朝借重邊陲夷狄首領的勢力進行控制，即根據其勢力的強弱，分別賜其首領以王、侯、邑長或將軍、都督與刺史等封號……」

只要認**中央**這個**老大**就可以了，

顧頡剛、史念海《中國疆域沿革史》：
「自波斯以至東海，其間立國蓋亦數十，或畏威來歸，或用兵征服，莫不稱臣納貢，唐室因就此諸族之故地，建置都督府及州、縣以治理之，此類府、州總稱之曰羈縻州……刺史、縣令皆以其酋長渠魁為之，其內部之行政中央殆少加以過問……」

但往往**無法**長期**維持**。

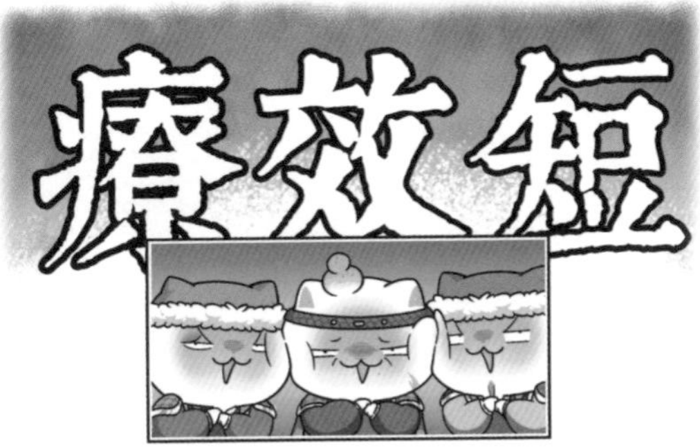

《普通高中教科書·歷史·中外歷史綱要（上）》：
「漢唐王朝的遼闊疆域，維持時間都不是很長，對內陸邊疆地區往往是通過冊封和朝貢實施控制，很不穩定。」

忽必烈喵就**不同**了，

他不僅**打到你服**了，還給你**納入管轄**。

《新元史・卷七》：

「（1253年）十二月丙辰，圍大理城。初，大理酋段興智微弱，國事皆決於高祥。是夜，祥率所部遁去。帝（忽必烈）入城……帝承制以劉時中為大理金齒等處宣撫使……」

例如西部設置**宣政院**，

《元史・卷八十七》：

「宣政院，秩從一品，掌釋教僧徒及吐蕃之境而隸治之……至元初，（忽必烈）立總制院，而領以國師。（至元）二十五年（1288年），因唐制吐蕃來朝見於宣政殿之故，更名宣政院。」

西北部設置**都護府**等。

《元史・卷八十九》：

「都護府，秩從二品，掌領舊州城及畏吾（兀）兒之居漢地者……至元十一年（1274年），（忽必烈）初置畏吾兒斷事官，秩三品。十七年（1280年），改領北庭都護府……」

這些措施的實行使**中央**的**管控**

能觸及國家的**各個角落**，

張豈之《中國歷史·元明清卷》：

「元朝大一統的成果，不僅表現為版圖遼闊，而且表現為對邊疆控制的強化……對漠北、東北、雲南、畏兀兒、吐蕃等邊遠地區，元朝都因地制宜地實施了有效的行政管理。」

從而對**全國**形成了長期且有效的**統治**。

蔡美彪《中國通史》：

「作為多民族國家的元朝，依據各地區的不同情況，建立起一整套地方官制體系，從而使各民族、各地區統一於元朝廷的統治之下。」

《普通高中教科書·歷史·中外歷史綱要（上）》：「元朝不僅版圖遼闊，而且對邊疆地區實施了長時間和比較穩定的統治，這是前代大一統王朝沒有做到的。」

此外，忽必烈喵還大量

修建**公路**，開鑿**運河**，

韓儒林《元朝史》：

「元朝建立後……以大都為中心修築了四通八達的驛道，東連高麗，東北至奴兒干，北達吉利吉思，西逼伊利汗國和欽察汗國，西南抵烏斯藏，南接安南。」

《元史·卷十七》：

「（1292年）八月己丑朔，賽甫丁處死……（忽必烈）用郭守敬言，浚通州至大都漕河十有四，役軍匠二萬人，又鑿六渠灌昌平諸水。」

加強了各地聯繫和**各民族**之間的**交流**與**融合**。

內蒙古社科院歷史所《蒙古族通史》：

「（元朝）驛道北至吉兒吉思（吉利吉思），東北至奴兒干，西南至烏思藏（烏斯藏）……有利於國內交通的發展和國內各民族、各地之間經濟、文化的聯繫。」

白壽彝《中國通史》：

「元朝政治中心大都和上都所在的腹里，是元王朝立國的根本之地……大運河的貫通和海運的開闢，則從經濟上使北方和南方緊密地聯合在一起。」

那麼元朝的江山有朝著**美好**的方向發展**嗎**？

沒有。

屠寄《蒙兀兒史記》：

「汗（忽必烈）目有威稜，而度量弘廣，知人善任，群下畏而懷之……惟志勤遠略，平宋之後，不知息民……閭閻受患已深矣。」

行省制的實行雖然能有效地統治全國，

但帝國**內部**的**矛盾**卻日益**嚴重**。

朱紹侯《中國古代史》：

「行省制的確立，從政治上鞏固了國家的統一，保證了中央集權……」

王鐘翰《中國民族史》：

「元朝建立時，無論在內政與外交、政治與經濟、宗教和民族中，都隱藏著許多難以克服的矛盾。」

元作為一個由**蒙古族**統治的**大一統**皇朝，

周良霄、顧菊英《元史》：

「元朝是蒙古族以一個少數民族完成對全國大統一，並對全國各民族（或者是某些民族的先民）進行直接統治的王朝。」

它**沒有**意識到**團結**各民族的重要性。

白鋼《中國政治制度通史》：

「統一以後的元朝，是個多民族國家。元朝政府以法律形式劃定民族等級，製造民族矛盾……」

相反為了**維護**蒙古**貴族**的利益，
對統治的各民族進行了殘酷**壓迫**。

蔡美彪《中國通史》：
「元朝統治者規定蒙古族擁有多種民族特權，從而保證了蒙古貴族優越的社會地位……對各族人民實行著殘酷的民族壓迫。」

蒙古喵可以當各地各部門的**長官**，

《新元史．卷五十五》：
「世祖命劉秉忠、許衡定官制，以中書省管政事，樞密院管兵，御史台司糾劾，又設行省、行台，使內外均其輕重，以相維繫，立法之善，殆為唐宋所不及。然上自中書省，下逮郡縣親民之吏，必以蒙古人為之長……」

官職甚至可以**世襲**。

王天有《中國古代官制》：
「元朝以蒙古族為統治民族，無論是在中央機構的設置上，還是在地方機構的設置上，都有明顯的反映。高級官員基本為世襲蒙古、色目貴族……」

而**漢喵**則多從事**低下**的工作，

錢穆《國史大綱》：
「當時（元朝）中國士人在政治上地位特微，而南方士人的地位更微。」
邱樹森《元朝史話》：
「元朝建立後，世祖忽必烈定下了這樣的規章：中央或地方官，正職一律由蒙古人擔任，副職才允許漢人、南人擔任。」

甚至連各種生活**權利**都**不具備**，

張豈之《中國歷史・元明清卷》：
「全體百姓分為蒙古、色目、漢人、南人四等，地位依次由高降低。這種劃分方法在忽必烈後期事實上已經形成……」「四等人地位、待遇的不平等體現在許多方面……禁止漢、南人持有弓箭等兵器，禁止他們畜鷹犬打獵、習學槍棒，乃至祈神賽社、演唱戲文。」

這導致民族**矛盾**日漸**加劇**。

施建中《中國古代史》：
「忽必烈把各地的人分成為四等，即蒙古人、色目人、漢人和南人。這種區劃，便於忽必烈的分而治之；但是它加深了各民族之間的矛盾……」

加上元朝連年對外**征戰**，

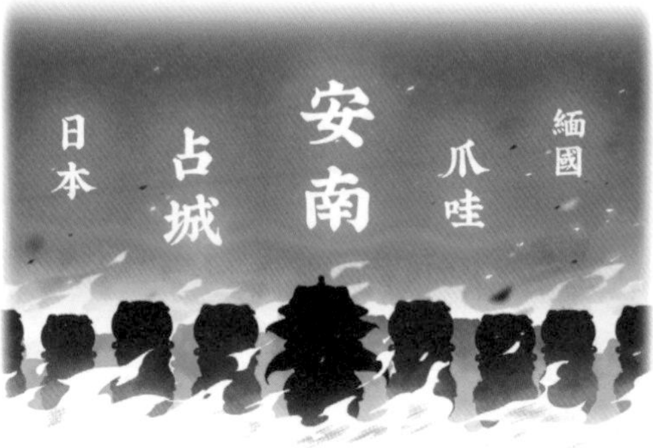

《元史·卷八》：
「（1274年）三月己卯……（忽必烈）敕鳳州經略使忻都、高麗軍民總管洪茶丘等將屯田軍及女直軍，並水軍，合萬五千人，戰船大小合九百艘，征日本。」
《元史·卷二一〇》：
「（1284年）是年，（忽必烈）命平章政事阿里海牙奉鎮南王脫歡發兵，假道交趾伐占城……」

全國民眾**苦不堪言**。

《元史·卷二〇九》：
「（1286年）六月，湖南宣慰司上言：『連歲征日本及用兵占城，百姓罷於轉輸，賦役煩重，士卒觸瘴癘多死傷者，群生愁歎，四民廢業，貧者棄子以偷生，富者鬻產而應役，倒懸之苦日甚一日……』」

在這樣的背景之下，
元帝國猶如一座**雄偉**的大廈，

《元史·卷十七》：
「世祖度量弘廣，知人善任使，信用儒術，用能以夏變夷，立經陳紀，所以為一代之制者，規模宏遠矣。」

但根基卻非常**脆弱**。

李治安《忽必烈傳》：「忽必烈所建造的元帝國大廈非常雄偉龐大，但它的根基並不十分穩固，存在著許多隱患和潛在危機。」

可以說大一統的完成，
既是元朝國運的頂峰，也是**崩塌**的**開始**。

張豈之《中國歷史·元明清卷》：「大一統的完成，是元朝國運的頂峰。但與此同時，中衰的因素已逐漸孕育起來……統治危機在元朝過早地出現了。」

這個龐然大物究竟會走向**何方**呢？

（且聽下回分解。）

編者按

忽必烈是歷史上第一位以少數民族身分統一華夏的君主。他有著優秀的政治頭腦和軍事才幹，但作為一名游牧民族統治者，還是不可避免地存在一些局限性。例如在統一南北時，忽必烈出於籠絡人心和強化自身實力的需要，曾重用漢人並實行漢化改革。可統一以後，他的重心則變成了鞏固蒙古族的統治和維護蒙古貴族的利益。特別是在公元1262年漢人李璮起兵叛亂後，因為事情涉及忽必烈所信任的漢族重臣，直接導致忽必烈不再信任漢臣。他由此開始疏遠漢人官僚，在執政後期只重用蒙古貴族，在國家制度上也實行蒙古舊制和漢法並行，這導致國家在方方面面都存在著「蒙漢雜糅」的特徵，也為國家的發展埋下了隱患。

忽必烈——烏龍（飾）

參考來源：《元史》、《新元史》、《至正集》、《舊唐書》、屠寄《蒙兀兒史記》、韓儒林《元朝史》、傅樂成《中國通史》、蔡美彪《中國通史》、白壽彝《中國通史》、朱紹侯《中國古代史》、翦伯贊《中國史綱要》、王鐘翰《中國民族史》、錢穆《國史大綱》、邱樹森《元朝史話》、施建中《中國古代史》、李治安《忽必烈傳》及《行省制度研究》、周良霄和顧菊英《元史》、白鋼《中國政治制度通史》、張豈之《中國歷史・元明清卷》、馬大正《中國邊疆經略史》、徐連達《遼金元社會與民俗文化》、陳高華和史衛民《中國經濟通史・元代經濟卷》、藍勇《中國歷史地理》、方鐵《邊疆民族史新探》、顧頡剛和史念海《中國疆域沿革史》、《普通高中教科書・歷史・中外歷史綱要（上）》、內蒙古社科院歷史所《蒙古族通史》、王天有《中國古代官制》

附錄

【《東方見聞錄》】

據說義大利旅行家馬可·波羅
曾到達元朝，並見過忽必烈。
這次經歷被寫成了《東方見聞錄》，
後來還紅遍歐洲。

【嚴格老爸】

忽必烈對孩子要求非常嚴格。
有一次他的一個兒子向百姓
徵收了過多的野禽，
結果被忽必烈痛打七十軍棍。

【寶刀未老】

忽必烈晚年身患重病，
但遇到叛亂時，
還是堅持帶兵親征，
非常有毅力。

百群喵檔案

烏龍小劇場

《是我》

《不同視角》

烏龍

巨蟹座

生日：7月 11 日

身高：180 公分

喜歡的電影類型：紀錄片主題

假期的計畫：大掃除

（烏龍擬人介紹）

乌龍的像素世界
wulong's pixel world
SHOP
-02-
08:35

第一百三十九回 ◉ 成宗之立

在強有力的**制度**下，
元朝確立了其**絕對**的**統治地位**。

邱樹森《元朝史話》：
「元代中央和地方行政機構的設置，特別是行省制度的建立，不僅奠定了有元一代的行政制度，而且使秦漢以來的中央集權制達到了新的規模……」

可雖然是個大一統的皇朝，
元朝統治者的蒙古**舊俗**卻依然**保留**著，

蔡美彪《中國通史》：
「元朝制度基本上沿襲金、宋的舊制，但同時也保存了蒙古的某些舊制……」

例如經常舉辦**祭祀活動**，

[德]傅海波、[英]崔瑞德《劍橋中國遼西夏金元史》：
「忽必烈採取了一些積極措施保留蒙古人的儀式和習慣。他繼續舉行一些傳統的蒙古慶典，並且按照蒙古風俗祭山、祭水和祭樹，用薩滿教士表演傳統的儀式。」

例如皇帝要定期舉辦**大規模狩獵**。

李治安《忽必烈傳》：
「在位三十五年間，忽必烈始終保持行獵蒐狩等蒙古舊俗。忽必烈冬春之際的狩獵，一般正月出發，三月初以前返回。」
［德］傅海波、［英］崔瑞德《劍橋中國遼西夏金元史》：
「根據馬可·波羅的記載，忽必烈帶著馴化的獅子、豹和山貓打獵……打獵中，由馴鷹人、獵人和士兵組成的大批隨從陪伴著忽必烈。」

文化上也實行**蒙古文**、**漢文**並行的方式，

韓儒林《元朝史》：
「元朝幅員廣大，民族眾多……蒙文、漢文並列，成為元朝官方使用的文字。」

很多**漢喵**甚至需要專門**學習蒙古文**。

白壽彝《中國通史》：
「元朝政府於至元六年（1269）八思巴蒙古新字頒行之後，在諸路置蒙古字學。八年（1271），立京師蒙古國子學，從隨朝官員、怯薛台、蒙古漢人官員家，選子弟俊秀者入學。命翰林院譯《通鑑節要》為蒙古字習學。」

這些傳統的保留並**不利於**大一統的**穩定**，

張豈之《中國歷史·元明清卷》：
「大一統的完成，是元朝國運的頂峰……蒙古舊制的大量保留，使統治集團與被統治地區的文化差異長期難以彌合……促使統治危機在元朝過早地出現了。」

而其中影響最大的
便是蒙古汗國時期留下來的「**忽里台制**」。

白鋼《中國政治制度通史》：
「元朝皇帝繼承了蒙古國時期的忽里台制度。」
張豈之《中國歷史·元明清卷》：
「元朝中期，邊疆戰事雖然逐漸平息，但更嚴重的危機在政權內部出現了……主要原因，是蒙古國忽里台選汗傳統在元朝的遺存。」

「忽里台」原是蒙古國的**諸王大會**，

張豈之《中國歷史·元明清卷》：
「忽里台是蒙古語『聚會』之意，在蒙元時期專指擁立大汗（皇帝）、決定對外征伐等大事的諸王、貴族大會。」

只有經過諸王在會上**共同推舉**

才能成為**新的**領導者。

張豈之《中國歷史·元明清卷》：

「『忽里台』作為蒙古國的諸王大會，具有推戴大汗、決定征伐等職能。蒙古歷代大汗，包括元朝第一代皇帝忽必烈，都是經忽里台推戴即位的。」

然而…… 也就只有第一任首領**鐵木真喵**

是被順利**選出來的**，

《元史·卷一》：

「元年（1206年）丙寅，帝（鐵木真）大會諸王群臣，建九遊白旗，即皇帝位於斡難河之源，諸王群臣共上尊號曰成吉思皇帝。」

白壽彝《中國通史》：

「鐵木真統一蒙古高原各部落，1206年春，於斡難河源頭舉行大聚會（忽里台，quriltai）……即帝位。」

後面的繼任者都經過一番**爭奪**才順利**上位**。

姜海軍《蒙元興衰啟示錄》：

「成吉思汗去世後，圍繞著汗位繼承，權力鬥爭此起彼伏。」「1227年……蒙古貴族召開忽里台大會，推選新的大汗。大會爭議了40天，有人支持窩闊台，也有人支持按照傳統，讓成吉思汗最小的兒子拖雷繼承汗位……最後，拖雷在耶律楚材的勸說下支持窩闊台。」

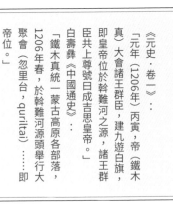

而如今，這條**舊制**的保留

同樣為元朝的**皇位繼承**製造了一場**風波**，

白壽彝《中國通史》：
「按照蒙古舊制，大汗去世後，則當由皇后臨朝攝政，再擇期舉行忽里台大會，由宗室勛舊『協謀推戴』新汗登位……忽必烈死後……能否順利地入繼大統，困難是很大的。」

處在風波中心的便是元的**第二代**皇帝。

他就是**鐵穆耳喵**。

《元史．卷十八》：
「成宗欽明廣孝皇帝，諱鐵穆耳……」

鐵穆耳喵是開國皇帝忽必烈喵的**孫子**，

《元史・卷十八》：
「……世祖（忽必烈）之孫，裕宗真金第三子也。母曰徽仁裕聖皇后，弘吉烈氏。」

他爹是**皇太子**，

《新元史・卷一〇四》：
「世祖（忽必烈）昭睿順聖皇后宏吉剌氏，諱察必。按陳女也。貌甚美，侍世祖於潛邸，最有寵。生皇太子真金。」
《新元史・卷十三》：
「成宗欽明廣孝皇帝，諱鐵木（穆）耳，是孝太子真金第三子也。」

呃，只不過還沒當上皇帝就「**掛了**」……

《新元史・卷一一三》：
「（1285年）世祖（忽必烈）春秋高，江南行台御史有奏請禪位於太子（真金）者……世祖震怒，敕宗正辭徹幹取其奏。丞相安童與月呂魯那延入白其事，帝怒稍解。太子仍憂懼不安，未幾遂卒……」

鐵穆耳喵性格**謙遜**，

黎東方《細說元朝》：

「（鐵穆耳）對母親很孝順，對乳母很有恩，對哥哥與叔父、侄兒，很有禮貌，對遷入內地的蒙古人與色目人均很體恤。」

但戰場**表現**可一點都**不遜**，

《元史·卷十八》：

「（至元）二十四年（1287年），諸王乃顏反，世祖（忽必烈）自將討平之。其後合丹復叛，命帝（鐵穆耳）往征之，合丹敗亡。」

年紀輕輕就為朝廷立下**赫赫戰功**。

軍事科學院《中國軍事通史》：

「至元二十五年（1288年）初，駐於哈剌溫山（今大興安嶺）附近的諸王火魯火孫等舉兵叛亂，哈丹（合丹）等乘機再起……鐵穆耳督率出征各軍。元軍與叛軍在遼東、遼西反復作戰，歷時兩年，將叛軍大部分消滅。」

這不僅使他**結識**眾多重要**將領**，

李治安《忽必烈傳》：

「率軍平定叛王哈丹禿魯干並迅速取得勝利，是鐵穆耳步入政治舞台的第一次出色表演。此次平叛戰爭使初出茅廬的鐵穆耳經受了鍛鍊，結交了一些重要將領……」

更是很**受**他皇帝**爺爺**的**欣賞**，

程廣媛《中國通史》：

「忽必烈也很器重鐵穆耳，從蒙古族的角度來看，有能力和威望的人才能當大汗。因此，忽必烈曾派鐵穆耳去討伐蒙古宗王的叛亂，鐵穆耳在戰場上表現出色，在軍中很有威望。」

並最終決定將**皇位**傳給他。

《元史．卷十八》：

「(至元)三十年(1293年)六月乙巳，(鐵穆耳)受皇太子寶，撫軍於北邊。」

內蒙古社科院歷史所《蒙古族通史》：

「至元三十年(1293年)，忽必烈確定真金第三子鐵穆耳為皇太子，授予『皇太子寶』。」

可惜，鐵穆耳喵的即位**並不順利**，

張岂之《中國歷史·元明清卷》：
「至元三十一年（1294年）正月，忽必烈逝世。四月，鐵穆耳才從漠北趕回上都。他的即位並不順利。」

因為他……還有個**大哥**。

《新元史·卷一一三》：
「（真金）三子：長晉王甘麻剌，次塔剌麻八剌，次成宗（鐵穆耳）。」
白壽彝《中國通史》：
「與鐵穆耳競爭帝位的最強有力的對手，應是他的胞兄、真金長子、出鎮嶺北的晉王甘麻剌。」

大哥喵也很**優秀**，

《新元史·卷一一三》：
「甘麻剌，母曰徽仁裕聖皇后闊闊真，太子元妃也。少育於祖母察必皇后，日侍世祖（忽必烈），未嘗離左右，畏慎不妄言，言必無隱。」

不僅性格**仁厚**，

是！您說得太好了！
不准欺壓百姓，不然就是自毀長城。
有這樣的老闆，我們太幸運了！

《元史·卷一一五》：
「王（甘麻剌）天性仁厚，御下有恩。」

還長期**駐守**軍事重鎮。

李治安《忽必烈傳》：
「至元二十三年（1286年），甘麻剌奉命出鎮漠北，曾統率一支數量可觀的軍隊……」
《新元史·卷一一三》：
「（至元）二十九年（1292年），改封（甘麻剌）晉王，移鎮北邊，統領太祖四大斡耳朵及達達軍馬……」

他的**爵位**也是眾多皇室成員裡最**尊貴**的，

王爵

李治安《忽必烈傳》：
「按照忽必烈時期的朝廷制度，晉王王爵印章為一等金印獸紐，較北安王高一等，也是其（甘麻剌）父真金、叔父秦王忙哥剌及本人先封梁王外，僅有的四個一字王封爵之一，最為尊貴。」

可以說在貴族中擁有著很**高**的**聲望**。

> 黎東方《細說元朝》：
> 「在忽必烈去世時，論聲望，論力量，甘麻剌均比鐵穆耳占優勢。」

這下……就**不好辦**了。

鐵穆耳喵雖然**能力出眾**，

> 李治安《忽必烈傳》：
> 「鐵穆耳平定哈丹禿魯干功勛卓著，比其兄（甘麻剌）更有能力和膽識。」

但論**地位**還是**不如**大哥喵的。

黎東方《細說元朝》：「甘麻剌是『嫡長孫』，甘麻剌已經是王，而鐵穆耳不是。」

而且大哥喵還有一大批**貴族擁護**，

加油
我♡哥哥
哥哥最棒

所以在推舉皇位繼承者的**大會上**，
雙方吵了足足**十二天**……

我朗誦比你強！
爺爺都說了要傳給我！
我可是有寶印的！
我還是王爵呢！
說什麼呢，不應該開會決定嗎？
這算什麼優點啊？

張豈之《中國歷史．元明清卷》：「（1294年）按照蒙古慣例，在上都召開了忽里台大會。由於有相當一部分諸王貴族主張擁立鐵穆耳的長兄晉王甘麻剌，會上產生了激烈爭執。」

愣是**沒**吵出個**結果**來。

黎東方《細說元朝》：
「（1294年）諸王、諸駙馬、文武大官，集合在上都舉行忽里台大會，大會開了十二天，以甘麻剌的呼聲為最高。」

這時一股**勢力**的出現**扭轉**了**局勢**，

李治安《忽必烈傳》：
「《元史・伯顏傳》所云『親王有違言』，就是晉王甘麻剌欲和其弟鐵穆耳爭位的意思。然而……都站在鐵穆耳一邊，這就使甘麻剌很快處於十分不利的地位。」

那就是元朝的**開國功臣**們。

張豈之《中國歷史・元明清卷》：
「幸好朝中的元老重臣大都站在鐵穆耳一方。平宋勛臣伯顏……敦促他（甘麻剌）服從忽必烈的遺命。」

在老皇帝去世前，
曾經**託付**老臣們**輔佐**鐵穆耳喵。

李治安《忽必烈傳》：
「在忽必烈病危和彌留之際，曾將御史大夫玉昔帖木兒、知樞密院事伯顏及中書省平章不忽木召至禁中，並受遺詔。」「伯顏、玉昔帖木兒等『顧命』大臣的作用，又主要是傳達忽必烈的遺詔……奉行忽必烈立鐵穆耳的旨意。」

再加上在朝廷裡，
他們**擁有**著很大的**權威**，

李治安《忽必烈傳》：
「伯顏、玉昔帖木兒根腳貴重，都擔任朝廷重要官職，南征北戰，功勛卓著，在宗親大臣中很有權威，由他們傳達忽必烈遺詔，容易控制局面，具有很大的威懾力。」

這讓局勢一下產生了**大逆轉**。

在大會上，大臣們當眾**宣讀**了皇帝**遺詔**，

[德]傅海波、[英]崔瑞德《劍橋中國遼西夏金元史》：

「當1294年4月14日在夏都上都舉行忽鄰勒台（忽里台）時，支持甘麻剌的不乏其人……戰功顯赫的伯顏為使鐵穆耳即位採取了更強硬的姿態……站在大殿階梯上，宣布忽必烈的旨意並解釋為什麼要立鐵穆耳為帝……」

呃……還是**帶著武器**讀的，

《元史·卷一二七》：

「（1294年）成宗（鐵穆耳）即位於上都之大安閣，親王有違言，伯顏握劍立殿陛，陳祖宗寶訓，宣揚顧命，述所以立成宗之意……」

嚇得貴族們**瑟瑟發抖**。

《元史·卷一二七》：

「……辭色俱厲，諸王股慄，趨殿下拜。」

在他們的施壓下，
大哥喵最終選擇了**屈服**。

韓儒林《元朝史》：

「至元三十一年（一二九四年）四月，蒙古諸王大臣集會上都最後立鐵穆耳為帝的時候，為排斥諸王中持不同意見者，伯顏、玉昔帖木兒乃相為表裡……甘麻剌大為震動。他受此壓力，無可奈何，只得急忙表態說：『皇帝踐祚，願北面事之。』」

鐵穆耳喵這才順利**登上**了**皇位**，

韓儒林《元朝史》：

「於是宗親大臣合辭勸進，鐵穆耳遂即帝位……」

是為**元成宗**。

內蒙古社科院歷史所《蒙古族通史》：

「眾臣於至元三十一年（1294年）四月，立鐵穆耳為帝，是為元成宗。」

然而他的上台並**不是**因為皇位**繼承者**的**身分**，

白壽彝《中國通史》：
「他（玉昔帖木兒）利用世祖（忽必烈）已將『皇太子寶』授予鐵穆耳為理由，迫甘麻剌放棄爭位並擁戴鐵穆耳。其實授『皇太子寶』並不是決定性因素……」

而是因為**權臣**的**支持**。

白壽彝《中國通史》：
「主要還是由於鐵穆耳和玉昔帖木兒總領軍事的實力，以及掌握朝政大權的伯顏丞相的支持……」

忽里台制的存在
導致了元朝**皇位繼承制**的**不穩定**。

袁剛《中國古代政府機構設置沿革》：
「真金子元成宗及以後繼位的元皇帝，幾乎都通過了庫里勒台（忽里台）大會才正式即位……皇位繼承的不穩定，引發政治動亂，造成政府危機。」

因為**即使**皇帝**指定**了繼承者，

張豈之《中國歷史・元明清卷》：

「進入元朝以後，忽里台選汗傳統仍對包括皇帝在內的蒙古貴族有著重要影響，它並不因是否曾預立皇儲而改變，元朝的皇位繼承制度存在著巨大的隱患。」

其他皇室成員**還是**可以向皇位發出**挑戰**。

張豈之《中國歷史・元明清卷》：

「皇帝生前指定的繼承人身分並不足以成為繼承皇位的充分條件，而只有經過忽里台會議的合辭擁戴，皇位繼承才最後生效……為爭奪皇位的行動提供了意識形態上的依據……」

於是乎**權臣**的**支持**，

成了當上皇帝的**重要條件**。

張豈之《中國歷史・元明清卷》：

「……也為有野心的大臣進行政治投機提供了可能性。任何一個未按正常傳承次序即位的皇帝，都可以以『宗戚舊臣』的『協謀推戴』自欺欺人，利用忽里台傳統觀念來標榜自己上台的合法性和正統性。」

這樣的制度

一方面**助長**了皇室成員爭奪皇位的**野心**，

周良霄、顧菊英《元史》：

「忽里台在新皇帝的最終確定上便一直擁有決定性的作用，一些皇位的覬覦者都利用忽里台以爭奪皇位……」

而新皇帝上位後為了「報恩」，

會對**擁立自己**的貴族大臣們**封官晉爵**，

周良霄、顧菊英《元史》：

「為了酬謝在選汗鬥爭中的支持者和安撫反對者，鐵穆耳（成宗）即位之後，大行賞賜。」

又促使有野心的大臣

將擁立新皇帝作為獲得**封賞**的**機會**。

周良霄、顧菊英《元史》：

「一些擁有實力的權臣，也利用忽里台施加影響而擁立自己所欲立的人物，以達到攫取權力與賞賜的目的。」

這樣的情況導致在之後的三十多年裡，

皇位之爭頻繁爆發。

內蒙古社科院歷史所《蒙古族通史》：

「有元一代，封建統治集團內部矛盾重重……鬥爭的焦點是帝位的爭奪。從元世祖忽必烈去世（1294年），到元順帝妥歡貼睦爾即位（1333年），短短三十來年時間，封建統治集團內部就先後更換了十個皇帝。」注：妥歡貼睦爾，又譯作妥懽帖（貼）睦爾。

國家的**元氣**也在內鬥中逐漸**消耗**，

姜海軍《蒙元興衰啟示錄》：

「由於忽必烈的後繼者及其子孫們缺乏應有的權威及智慧，自然也沒能建立起有效的皇位繼承制度。元朝最終也因為皇位爭奪戰的巨大損耗而陷入衰亡之中……」

於是，

元朝統治的**裂痕**從**內部**開始**產生了**……

蔡美彪《中國通史》：

「元朝自成宗以後……長期陷入皇位爭奪的紛爭……元朝統治集團一直處在變亂之中，動盪不穩。」

（且聽下回分解。）

編者按

忽里台在蒙古語中意為「聚會」，早在蒙古人的氏族、部落時代就已經存在了。蒙古汗國建立後，忽里台制更是成為決議國家大事的最高形式。諸王在忽里台選出大汗後，還需要巫師進行宗教儀式、貴族向大汗宣誓效忠、大汗舉行宴會等一系列程序。此外，一些大型軍事行動的部署、法令的頒布、領地的分封等也都需要通過忽里台進行，可見忽里台在蒙古貴族心中的重要性。正因如此，忽必烈建立元朝後，參照中原皇朝的嫡長子繼承制，冊立真金為太子，卻並不敢否認忽里台制度，使得新帝即位仍需忽里台的承認。而元成宗即位後又沿襲了忽必烈時期的政策，並沒有對皇位繼承制進行改革，為元朝未來的皇位繼承留下了層層陰霾。

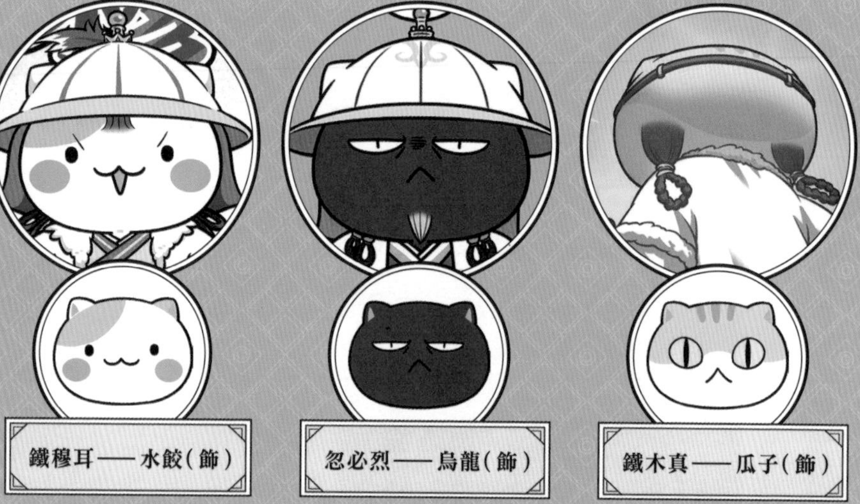

參考來源：《元史》、《新元史》、邱樹森《元朝史話》、蔡美彪《中國通史》、韓儒林《元朝史》、李治安《忽必烈傳》、白壽彝《中國通史》、周良霄和顧菊英《元史》、黎東方《細說元朝》、程廣媛《中國通史》、張豈之《中國歷史．元明清卷》、白鋼《中國政治制度通史》、姜海軍《蒙元興衰啟示錄》、內蒙古社科院歷史所《蒙古族通史》、［德］傅海波和［英］崔瑞德《劍橋中國遼西夏金元史》、軍事科學院《中國軍事通史》、袁剛《中國古代政府機構設置沿革》

附錄

【不計前嫌】

鐵穆耳登上皇位後，
並沒有找大哥的麻煩。
他依然重用大哥，
還給了大哥很多賞賜。

【重金收買】

鐵穆耳上位後，
對支持者大行賞賜，
由於賞賜得太多，
連國庫裡的錢都花光了。

【贏在口才】

鐵穆耳和大哥曾在忽里台上比賽演講。
大哥有點結巴，
而鐵穆耳卻表達流暢，
因此鐵穆耳贏得了很多支持。

百群喵檔案

水餃小劇場

《拍照 1》

嗨，需要我幫你們拍嗎？
不用了吧，我們自己可以。
不用跟我客氣啊！
笑一個！
這邊這邊！
哈哈……
嗯……拍得真差……
真差

《拍照 2》

原來我拍照技術這麼差嗎？
她根本不需要我的幫助！
好可惡，我的幫助是多餘的！
我不被需要！
您好，可以幫忙……
幫忙？需要我幫忙做什麼？
可以幫忙靠邊站一點嗎？我想……取個景，不好意思。

水餃

白羊座

生日：4月1日

身高：177 公分

喜歡的電影類型：武俠主題

假期的計畫：做義工

（水餃擬人介紹）

水餃的像素世界
shuijiao's pixel world

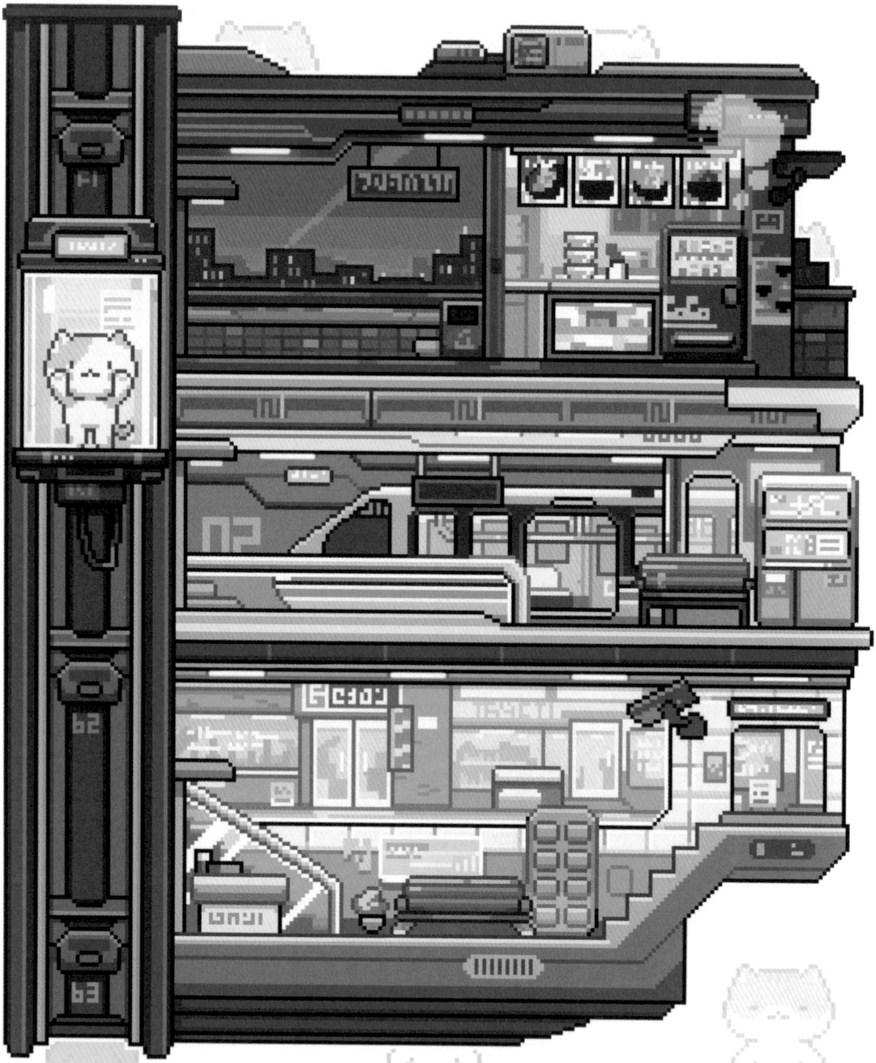

第一百四十回 ◉ 權臣亂政

忽里台制的存在，
使元朝的**皇位**繼承極其**不穩定**。

溫海清《元史》：
「從元成宗至元寧宗，是為元中期，歷三十九年。在這短短的三十餘年中，先後出現有八位皇帝，幾乎每五年不到就得換一位皇帝。元朝帝位繼承的危機……與蒙古草原軍事民主制的忽里台選汗制度本身有關，它易發生內訌和分裂。」

皇室成員為了爭奪**皇位**不斷**爭鬥**，

軍事科學院《中國軍事通史》：
「成宗以後，為爭奪帝位，蒙古貴族之間往往發生火拼，以後又發展成了大規模的戰爭，嚴重地削弱了元朝的統治。」

而大臣的**支持**則成為了獲勝的重要**砝碼**。

軍事科學院《中國軍事通史》：
「世祖朝以後，幾乎每次皇帝更迭都要引起蒙古貴族內部的爭執甚至火拼，每每有主管軍政的大臣和統軍將領被捲進去……」
白鋼《中國政治制度通史》：
「（元朝）從中期起，採用暴力手段的政變接連發生，軍隊和軍事將領的地位也就日益重要。」

於是乎，

一些大臣通過**擁立新皇帝**獲得了極大的**權力**。

邱樹森《妥懽貼睦爾傳》：
「元朝的權臣之所以有權，原因是多種多樣的，但主要原因不外乎一是迎合皇帝的私心；一是有翊戴之功，即與皇位繼承有密切關係。」

他們不僅能**控制**朝政，

傅樂成《中國通史》：
「元朝的政治，始終沒有清明過，這方面的原因很多，歸納起來，約有以下幾點：一、皇位繼承制度不健全，而致時生皇位繼承的鬥爭，造成政治局面的不穩。同時權臣每乘此種機會興起，專權跋扈……」

還擁有**軍權**，

翦伯贊《中國史綱要》：
「從武宗至大元年（1308年）至順帝元統元年（1333年）二十五年間，換了八個皇帝。由於爭奪帝位，蒙古貴族之間長期相互傾軋，往往演成內戰。這時，國家軍政大權已經轉移到握有實力的蒙古、色目大臣之手。」

這使得皇位之爭也變得越來越**血腥**。

范文瀾《中國通史簡編》：
「自海山（元武宗）至懿璘質班（元寧宗）凡八帝二十五年，一帝平均在位三年。當時皇后、皇族、大臣間行施各種陰謀暴力，互相殺奪。」

公元1323年，**南坡之變**，

朱紹侯《中國古代史》：
「至治三年（1323年）八月，御史大夫鐵失勾結諸王親貴，以所領阿速衛兵為外應，於上都之南15公里的南坡刺殺丞相拜住……史稱『南坡之變』。」

元英宗被殺。

《新元史・卷十八》：
「（1323年）八月癸亥，車駕南還。是夕，駐蹕南坡……鐵失、赤斤帖木兒先殺中書右丞相拜住，遂弒帝（元英宗）於行御。在位三年，二十有一。」

公元1328年，**兩都之戰**，

邱樹森《妥懽貼睦爾傳》：
「（1328年）武宗舊臣燕鐵木兒於大都發動政變，立武宗次子圖貼莫爾（圖帖睦爾）為帝，泰定帝權臣倒刺沙在上都立皇太子阿刺吉八為天順帝，於是發生兩都之戰。」

天順帝兵敗**失蹤**。

《新元史．卷十九》：

「（1328年）冬十月辛丑，齊王月魯帖木兒等以兵犯上都、左丞相倒剌沙奉皇帝寶出降，少帝（天順帝）不知所終。」

公元1329年，**天曆之變**，

元明宗**暴斃**。

《新元史．卷二十》：

「（1329年）八月乙酉朔，車駕次王忽察都。丙戌，皇太子（圖帖睦爾）入覲。是日，燕皇太子及群臣於行殿。庚寅，帝（元明宗）暴崩，年三十。」

溫海清《元史》：

「明宗死後，圖帖睦爾隨即在燕鐵木兒等人的擁戴之下，再次登上帝位。天曆二年（1329年）所發生的明宗暴亡、文宗復位的事件，歷史上稱之為『天曆之變』。」

一次次政變和戰爭使得元朝**政局**十分**動盪**，

蔡美彪《中國通史》：
「自成宗以來，蒙古貴族間爭奪皇位和爭奪權力的鬥爭，連綿不斷，元朝的統治一直處在動盪不穩的狀態。」

這樣的情況持續到一個**喵**的出現，

他就是**元順帝喵**。

傳樂成《中國通史》：
「至順三年（1332年），文宗死。其後立明宗次子懿璘質班，是為寧宗，時年七歲，在位僅兩月而死。文宗後復立寧宗兄妥歡帖睦爾，是為順帝。」

雖然順帝喵是皇帝，
但**皇位**卻來得相當**坎坷**。

他爹原本是要當**皇帝**的，

《元史．卷三十八》：
「順帝名妥歡貼睦爾，明宗之長子。」
《元史．卷三十一》：
「明宗翼獻景孝皇帝，諱和世㻋，武宗長子也……（大德）十一年（1307年），武宗入繼大統，立仁宗為皇太子，命以次傳於帝（元明宗）。」

但還沒當上，皇位卻被**竊取**了，

《元史・卷三十一》：
「武宗崩，仁宗立，延祐三年（1316年）春，議建東宮，時丞相鐵木迭而欲固位取寵，乃議立英宗為皇太子，又與太后幸臣識烈門譖帝（元明宗）於兩宮，浸潤久之，其計遂行。」

然後全家一起被**趕了出去**。

《元史・卷三十一》：
「於是封帝（元明宗）為周王，出鎮雲南。」

雖然後來他爹還是如願當上**皇帝**，

《新元史・卷二十》：
「天曆二年（1329年）春正月乙丑，懷王復遣中書左丞躍里帖木兒來迎。乙酉，撒迪等覲帝（元明宗）於行在，奉懷王命勸進。丙戌，帝即位於和林之北。」

卻只當了**一百多天**……

黎東方《細說元朝》：
「（元明宗）在天曆二年（1329年）陰曆正月到達和林之北，於二十九日即皇帝之位。」「他（元明宗）當皇帝當到了八月初八日，『暴崩』在上都。」

皇位就落到了他**叔叔**手裡，

《元史．卷三十二》：
「文宗聖明元孝皇帝，諱圖帖睦爾，武宗之次子，明宗之弟也。」
《元史．卷三十八》：
「當泰定帝之崩，太師燕鐵木兒與諸王、大臣迎立文宗。文宗既即位，以明宗嫡長，復遣使迎立之。明宗即位於和寧（林）之北，而立文宗為皇太子。及明宗崩，文宗復正大位。」

順帶又把他給**趕了出去**，

《元史．卷三十八》：
「至順元年（1330年）四月辛丑，明宗後八不沙被讒遇害，（元文宗）遂徙帝（元順帝）於高麗，使居大青島中，不與人接。閱一載，復詔天下，言明宗在朔漠之時，素謂非其己子，移於廣西之靜江。」

跟他**爹**當年**一樣**。

蔡美彪《中國通史》：

「早在武宗即位時，諸王會議兄弟叔侄世代繼承汗位。一三一五年，仁宗封武宗子和世瑓（元明宗）為周王，次年命周王出居雲南。」

是夠**慘**的啊……

不過幸好他叔叔臨死前突然**良心發現**，打算把皇位**還給**順帝喵。

《新元史・卷二十二》：

「至順三年（1332年）八月，文宗駐蹕上都，疾大漸，召皇后及丞相燕鐵木兒至榻前曰：『旺忽察都之事，為朕平生大錯，悔之無及。燕帖古思雖朕子，然天下乃明宗之天下也。汝等如愛朕，其召妥歡帖木兒（妥歡貼睦爾）（元順帝）立之。朕見明宗於地下，亦可以自解矣。』言訖而崩。」

可當時的朝廷卻被**權臣**把控著，

哼！我想讓誰當皇帝就誰當皇帝！

《新元史·卷二十三》：「（1332年）文宗崩，遺命傳位於帝（元順帝）。」「元統元年（1333年）春二月，帝（元順帝）至良鄉，具鹵簿導入。燕鐵木兒與帝並馬徐行，陳迎立之意。帝畏之，不能答。燕鐵木兒疑帝意不可測，故帝至，久不得立。國事皆決於燕鐵木兒……」

順帝喵只能乖乖**等著**了……

哈哈哈哈哈哈！

張豈之《中國歷史·元明清卷》：「文宗、寧宗相繼去世，順帝被接到大都，但因燕鐵木兒有追悔之意，順帝拖延數月不能登基……」

一直熬到權臣**完蛋**，

報銷
啊？

《元史·卷一三八》：「先是，燕鐵木兒自秉大權以來，挾震主之威，肆意無忌……至是荒淫日甚，體羸溺血而薨。」

他才**正式**登上了皇位。

> 《元史·卷一三八》：
> 「燕鐵木兒既死，妥歡貼睦爾始即位，是為順帝。」
> 白壽彝《中國通史》：
> 「妥歡貼睦爾時年十三歲，至順元年（1330）被文宗流放於高麗一海島中，第二年又被遷居廣西靜江（今桂林）……燕鐵木兒以荒淫過度身死，妥歡貼睦爾才得於至順四年（1333）六月即皇帝位於上都，是為順帝。」

可惜這**還不是**他**全部**的苦難，

一個喵的出現，
很快成為了他新的**陰影**，

> 溫海清《元史》：
> 「順帝即位後……元王朝又進入了……專權的時代。」

這就是**伯顏喵**。

《元史．卷一三八》：
「伯顏，蔑兒吉䚟氏。曾大父探馬哈兒，給事宿衛。大父稱海，從憲宗伐宋，歿於王事。父謹只兒，總宿衛隆福太后宮。」

伯顏喵是妥妥的**元朝「老鳥」**，

十五歲開始就是二代皇帝的**保鏢**，

［德］傅海波、［英］崔瑞德《劍橋中國遼西夏金元史》：
「他（伯顏）和他的祖先都曾擔任怯薛歹，世代充當大汗一家的家僕。」
《新元史．卷二二四》：
「伯顏，蔑兒吉（䚟）氏。年十五，奉成宗命，侍武宗於潛邸。」
江耀琴《中國古代史》：
「元成宗鐵穆耳（1265—1307），元朝第二代皇帝……」

因為**能力出眾**，

在歷代皇帝那兒都得到**重用**。

黎東方《細說元朝》：

「（1299年）伯顏跟隨武宗海山北征，於海山即了皇帝之位以後，歷官吏部尚書、御史中丞……仁宗之時，歷官南台御史中丞相、江浙省平章政事……泰定帝之時，歷官江西與河南的行省平章政事。」

他還**扶持**過**三位**皇帝上位，

《新元史・卷二二四》：

「（大德）十一年（1307年），武宗入繼大統，伯顏扈從至上都，賜號拔都兒。」「致和元年（1328年），泰定帝崩。八月，燕鐵木兒起兵於大都，遣明里董阿至江陵，迎文宗，道過河南，密告伯顏……伯顏別募兵五千人，迎車駕於江陵……」

這之中就有**順帝喵**。

《庚申外史・卷上》：

「（1333年）當帝（元順帝）在廣西來入京師，宿留汴梁，心方不測朝廷權臣意。其時伯顏適為汴梁省左平章，提所有蒙古漢軍扈從入京……」

所以一開始，
順帝喵與伯顏喵的**關係**是**很好**的。

邱樹森《元朝史話》：
「由於右丞相伯顏力主妥歡貼睦爾（元順帝）入繼皇位，所以順帝對他特別倚重。」

有反對勢力想發動**政變**，

《新元史・卷一七九》：
「至元元年（1335年），撒敦卒，唐其勢為中書左丞相……與其叔父答里交通諸王晃火帖木兒，謀廢立……唐其勢與其弟塔剌海伏兵東郊，率勇士突入宮中。」

伯顏喵帶兵**幹掉**他們。

《新元史・卷一七九》：
「伯顏及完者帖木兒、定住、闊里吉思等討令之。唐其勢攀殿檻不肯出，塔剌海走匿皇后坐下，伯顏曳出斬之。」

軍隊起兵**叛變**，

《元史·卷一三八》：
「（元統）三年（1335年）六月，唐其勢及其弟塔剌海私蓄異志，謀危社稷，伯顏奉詔誅之。餘黨稱兵……」

伯顏喵就**親自**帶兵**平叛**。

《元史·卷一三八》：
「……（伯顏）又親率師往上都，擊破其眾。」

總之，在伯顏喵的幫助下，
順帝喵**坐穩**了**皇位**。

蔡美彪《中國通史》：
「一三三五年，撒敦死。唐其勢任左丞相。唐其勢與撒敦弟知樞密院事答里，交通宗王晃火帖木兒等密謀發動政變，擁立文宗子燕帖古思……伯顏與知樞密院事完者帖木兒、中書平章政事定住等捕獲唐其勢及弟塔剌海處死。」

而順帝喵也給予伯顏喵**無上權力**作為回報，

蔡美彪《中國通史》：
「唐其勢被處死後，順帝不再設置左丞相，伯顏以右丞相獨專相權……又依蒙古傳統，賜伯顏世襲答剌罕之號，下詔說：『伯顏為武宗捍禦北邊，翼戴文皇，茲又克清大憝，明飭國憲，愛賜答剌罕之號，至於子孫，世世永賴。』」

光是伯顏喵的**頭銜**加起來就有**246**個**字**。

軍事科學院《中國軍事通史》：
「伯顏得勢之後，更加專權，本人所署官銜達246字，以中書右丞相直接提調威武阿速衛、忠翊衛、斡羅思衛、左都威衛、欽察衛、宣鎮衛和宗仁衛等衛軍機構，兼領宣政院、中政院、太史院等。」

而且**軍政大權**皆由他掌控，

軍事科學院《中國軍事通史》：
「（1335年）伯顏除掉唐其勢，把朝廷衛軍全部掌握在自己手裡，中書省、樞密院等機構幾乎全是伯顏的親信。」
張豈之《中國歷史・元明清卷》：
「順帝在位前期，朝廷大權實際上掌握在權臣伯顏手中。」

可以說伯顏喵的**權力**已經達到了身為臣子的**頂峰**。

蔡美彪《中國通史》：
「一三三八年七月，順帝又以伯顏有功，詔令在涿州、汴梁為伯顏建立生祠。次年，加號大丞相。在元朝歷代宰相中，伯顏權勢之顯赫，為前此所未有。」

然而，巨大的**權力**卻使伯顏喵變得**膨脹**，

《元史・卷一三八》：
「伯顏自誅唐其勢之後，獨秉國鈞，專權自恣，變亂祖宗成憲，虐害天下，漸有奸謀。」

他開始通過**權力**為自己謀取**利益**。

《元史·卷一三八》：

「伯顏為中書右丞相，既誅唐其勢，益無所忌，擅爵人，赦死罪，任邪佞，殺無辜，諸衛精兵收為己用，府庫錢帛聽其出納。」

不僅**賣官鬻爵**，

蔡美彪《中國通史》：

「伯顏執政，公然賣官，賄賂公行。」「一三三五年，順帝獨任伯顏後，又改『元統』年號為『至元』……伯顏專政自恣，肆行貪暴。任命的官員多向伯顏行賄，台憲官也都議價得官。」

還**濫發紙幣**，

白壽彝《中國通史》：

「至元三年（1337）發行紙幣75萬錠，比順帝即位前一年的至順三年（1332）增加50%以上。伯顏把大量錢財攫為己有……」

大量的**財富**流入他的口袋。

《庚申外史·卷上》：
「至元三年（1337年）。以伯顏為太師……時天下貢賦多入於伯顏家，省台官皆出其門下。」

而且伯顏喵還推行了一系列**殘酷**的**政策**，

白壽彝《中國通史》：
「伯顏秉政達7年之久。在當時階級矛盾、民族矛盾日益尖銳的形勢下，元朝統治出現了嚴重的動盪不安。為了在這種不穩定的社會條件下求得個人權利的絕對穩定，伯顏推行了一系列『變亂祖宗成憲』的政策。」

例如**加強**了對**漢喵**們的**壓迫**，

白壽彝《中國通史》：
「他（伯顏）下令禁止漢人、南人習蒙古、色目文字，以阻止他們參與政權機關的管理活動，並於至元元年（1335）宣布廢除科舉，以防止漢人、南人通過科舉入仕。」
《新元史·卷二二四》：
「（至元）三年（1337年），（伯顏）奏殺張、王、劉、李、趙五姓漢人，帝（元順帝）不從。」

例如為了**鞏固**權力，
對蒙古**統治集團**進行**迫害**等等。

邱樹森《妥懽貼睦爾傳》：
「伯顏為了維護其特殊的地位，在蒙古統治集團內部對異己者竭盡排斥、打擊之能事。」
《新元史．卷二二四》：
「是年（1338年），車駕至自上都，伯顏構殺郯王徹徹篤（禿），奏賜死，帝（元順帝）未允，輒傳旨行刑，又殺其近屬百餘人。復奏貶宣讓王帖木兒不花、威順王寬徹不花（普化）……」

到最後，他甚至連順帝喵都**不放**在**眼裡**。

溫海清《元史》：
「伯顏把持朝政，他甚至並不把順帝放在眼裡。」

這樣的存在
已經對皇權構成了**威脅**，

張豈之《中國歷史．元明清卷》：
「（伯顏）特別著重打擊不附己的宗室諸王，擅殺剡（郯）王徹徹禿，矯旨貶黜宣讓王帖木兒不花、威順王寬徹普化。伯顏權勢的惡性膨脹，實際上已對皇權構成了威脅。」
《元史．卷一三八》：
「伯顏自領諸衛精兵，以燕者不花為遮罩，導從之盛，填溢街衢。而帝側儀衛反落落如晨星。勢焰薰灼，天下之人惟知有伯顏而已。」

元朝**權臣專權**的狀況
在伯顏喵這裡發展到了**頂點**。

張岂之《中國歷史·元明清卷》：
「元朝權臣專權的狀況，在伯顏當權時期發展到了頂點。」

面對這樣的情況，
順帝喵又該如何**處理**呢？

（且聽下回分解。）

編者按

元朝權臣屢屢出現，除了通過皇位之爭獲得擁立之功以外，還有其他原因。早在蒙古汗國時，成吉思汗命令自己的親信世代侍奉皇室，他們的後代從小就被安排到皇族身邊，成為他們的家臣。皇室成員爭奪皇位，也多依靠他們的力量。這層主僕加功臣的關係，讓新皇帝對他們的信任遠超其他大臣，慢慢地就形成了滋生權臣的土壤。另一方面，元朝沒有皇帝定期上朝的制度，皇帝大多深居宮中，只在一些重要節日接見百官，平時則只有少數長官才能定期入宮面聖。加上有些皇帝還沉溺酒色，不理政事，於是就為權臣擅權提供了很多方便。長此以往，他們的權力漸漸高於皇權，到了元文宗時，皇帝便完全淪為傀儡了。

伯顏——花卷（飾）

元順帝——湯圓（飾）

參考來源：《元史》、《新元史》、《庚申外史》、溫海清《元史》、蔡美彪《中國通史》、白壽彝《中國通史》、傅樂成《中國通史》、江耀琴《中國古代史》、翦伯贊《中國史綱要》、邱樹森《妥懽貼睦爾傳》及《元朝史話》、范文瀾《中國通史簡編》、朱紹侯《中國古代史》、黎東方《細說元朝》、軍事科學院《中國軍事通史》、張豈之《中國歷史・元明清卷》、白鋼《中國政治制度通史》、[德]傅海波和[英]崔瑞德《劍橋中國遼西夏金元史》

附錄

【陪我去玩】

伯顏執掌兵權以後，
經常帶著大隊人馬出城打獵、遊玩，
有時甚至強迫元順帝跟他一起去。

【全部沒收】

伯顏為了防止百姓起兵造反，
不僅沒收了民間的武器和馬，
就連種地用的農具也沒收了。

【熱愛書法】

元順帝很喜歡書法，
寫得一手好字。
他每天都要練字，
還會把自己的作品賞賜給大臣。

群喵檔案

花卷小劇場

《花卷生病了 1》

《花卷生病了 2》

花卷

獅子座

生日：8 月 15 日

身高：179 公分

喜歡的電影類型：科幻主題

假期的計畫：周遊世界

（花卷擬人介紹）

花卷的像素世界
huajuan's pixel world
Bus stop
12:41
喵喵牙科中心
喵喵火锅

第一百四十一回◉舊政更化

如果說元朝剛建立時是
一艘**所向無敵**的**巨輪**，

翦伯贊《中國史綱要》：
「元世祖忽必烈至元八年（1271年）定國號為元，建立了元朝。」
《元史新編》：
「元之初入中國，震盪飄突……及世祖興，始延攬姚樞、竇默、劉秉忠、許衡之徒，以漢法治中夏，變夷為華，立綱陳紀，遂乃併吞東南，中外一統。加以享國長久，垂統創業，軼遼、金而媲漢、唐，赫矣哉。」

那麼到**第十一代**皇帝的時候，
已經是一艘**破船**了……

張作耀等《中國歷史辭典》：
「從元世祖定國號稱『元』至順帝……凡十一帝。」
邱樹森《妥懽貼睦爾傳》：
「妥懽貼睦爾（元順帝）上台以前的整個社會圖景：政治腐敗、奸臣擅權、貧富懸殊、民不聊生、四海動盪。」

長期的**內鬥**導致**政治動盪**，

蔡美彪《中國通史》：
「自成宗以來，蒙古貴族間爭奪皇位和爭奪權利的鬥爭，連綿不斷，元朝的統治一直處在動盪不穩的狀態。」

官員不斷**剝削**百姓，

朱紹侯《中國古代史》：
「元朝統治集團的驕奢淫逸愈演愈烈，至其後期已到了十分驚人的地步……各級官吏都貪污勒索、巧立名目，如有拜見錢、撒花錢、追節錢、生日錢等。」

再加上**接連不斷**的**天災**，

《元史．卷二十二》：
「（1308年）夏秋之間，鞏昌地震，歸德暴風雨，泰安、濟寧、真定大水，廬舍蕩析，人畜俱被其災。江浙饑荒之餘，疫癘大作，死者相枕籍（藉）。」
周良霄、顧菊英《元史》：
「泰定元年（1324年），南旱北澇。泰定二年（1325年），河北大水，民無以為食；翌年夏復大蝗。」

喵民們**苦不堪言**……

白壽彝《中國通史》：
「天曆時（1328—1330），關陝地區『饑饉疾疫，民之流離死傷者十已七八』。江西和嶺南等地，則連年低溫……江浙的海運糧也連續幾年因民飢而不克徵滿舊額……」
白鋼《中國政治制度通史》：
「在順帝即位以後，元代中期以來政治腐敗、財政困難的局面進一步惡化，再加上土地兼併加劇，水旱連年，流民愈來愈多。」

於是乎**反抗**越來越多，

周良霄、顧菊英《元史》：
「從元貞元年（1295年）成宗即位……元朝政治的日趨腐敗，人民生活愈益惡化……」「在政治益趨糜爛，剝削沉重，加上天災人禍紛至沓來的情況下，人民已無法忍受。內而京城畿甸，外而邊陲少數民族地區，人民反抗的火焰已開始四處燃燒。」

元朝的**元氣**也在不斷**削弱**……

軍事科學院《中國軍事通史》：
「順帝時的社會經濟也已完全崩潰：連年爭戰，軍費開支龐大；賞賜無度，國庫枯竭；財政巨額赤字，鈔法破壞，物價猛漲。與人禍並行的是天災不斷……」

面對這樣的局面，
有一個喵卻還想**做點什麼**。

他就是元朝**第十一代**皇帝——

元順帝喵。

《元史．卷三十八》：

「順帝名妥懽貼睦爾，明宗之長子。母罕祿魯氏，名邁來迪，郡王阿兒廝蘭之裔孫也。」

順帝喵雖然有**改革**的心，

白壽彝《中國通史》：

「年僅13歲的妥懽貼睦爾（元順帝），面臨著年復一年造成的積重難返的政治局面：權臣擅權、吏治腐敗、財政空虛、社會動盪。隨著年齡的增長，他深感社會危機的嚴重，因而力圖推行新政，實現中興，以擺脫危機。」

可**權力**卻在大臣**伯顏喵**的手裡，

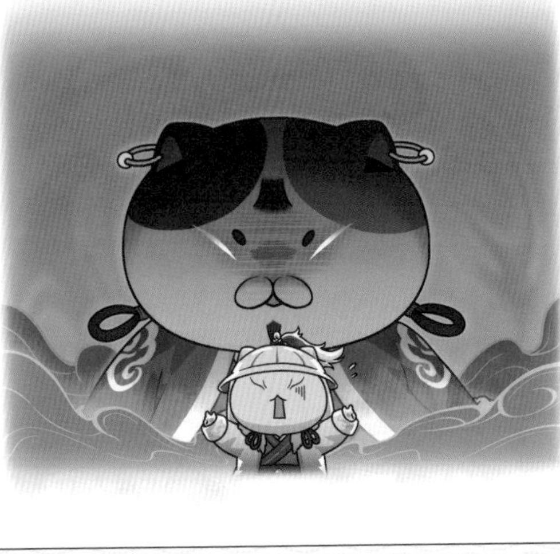

《元史．卷一三八》：

「伯顏，蔑兒吉䚟氏。曾大父探馬哈兒，給事宿衛。大父稱海，從憲宗伐宋，歿於王事。父謹只兒，總宿衛隆福太后宮。」

白壽彝《中國通史》：

「伯顏，元順帝妥懽貼睦爾即位後任中書右丞相，獨秉國政達八年之久……」

不僅處處**被壓制**，

白壽彝《中國通史》：
「伯顏獨秉國柄，專權自恣，益無所忌……勢焰薰灼，威權在順帝之上……」
軍事科學院《中國軍事通史》：
「京城的侍衛親軍，本來是用來保證京城的安全和扈衛皇帝的，可到了伯顏手裡，『諸衛精兵收為己用』……甚至反過來脅迫皇帝陪他出行。」

身邊也有**很多**伯顏喵的**眼線**。

《元史·卷一三八》：
「（1333年）伯顏為中書右丞相……當是時，帝（元順帝）之左右前後皆伯顏所樹親黨……」

實在是**難以施展**啊……

然而一個喵的出現使局面發生了**大轉變**，

他就是**脫脫喵**。

《新元史・卷二〇九》：
「脫脫，字大用，蔑兒吉台氏。」

脫脫喵其實是**伯顏喵**的**侄子**，

《新元史・卷二〇九》：
「（脫脫）父馬劄爾（兒）台，扈從武宗，後侍仁宗於潛邸，以恭謹為仁宗所親信……其兄伯顏……」

且從小就在**伯顏喵身邊**長大，

白壽彝《中國通史》：
「脫脫自幼養於伯父伯顏家中。稍長，就學於名儒吳直方。」

不僅天生**腦子好**，

《元史‧卷一三八》：
「脫脫字大用，生而岐嶷，異於常兒。」

武力值也很**高**，

《元史‧卷一三八》：
「（脫脫）稍長，膂力過人，能挽弓一石。」

書法、**繪畫**更是「溜」得飛起。

白壽彝《中國通史》：「脫脫善書畫，書法剛毅有力，酷似顏真卿；畫竹頗得妙趣。」

脫脫！
太帥了！

所以，憑藉著**優秀**的**能力**……

嗯，您的簡歷很不錯，聽說作文得了滿分，能唸一段嗎？
面試官

和伯顏喵的**關係**，

白壽彝《中國通史》：「脫脫是伯顏的親侄兒，（伯顏）當然視脫脫為親信……」

我的丞相伯父……
您被錄取了！
面試官

脫脫喵在**官場**上可以說**一帆風順**。

邱樹森《妥懽貼睦爾傳》：

「脫脫15歲時充任泰定帝皇太子阿剌吉八怯憐口怯薛官……妥懽貼睦爾即位後，伯父伯顏以翊戴之功獨攬大權，他亦隨之飛黃騰達……」

然而，脫脫喵卻**深感憂慮**，

畢竟他的**伯父**可是個囂張得不行的**權臣**。

周良霄、顧菊英《元史》：

「伯顏的驕恣與倒行逆施，甚至也引起了自己的侄子、御史大夫脫脫的不安和不滿。」

這要是跟皇權之間爆發**衝突**，

全家可都**沒好果子吃**。

《元史・卷一三八》：
「是時，其（脫脫）伯父伯顏為中書右丞相，既誅唐其勢，益無所忌……脫脫雖幼養於伯顏，常憂其敗，私請於其父曰：『伯父驕縱已甚，萬一天子震怒，則吾族赤矣。曷若於未敗圖之。』」

於是乎他決定**大義滅親**，

向**順帝喵**效忠！

黎東方《細說元朝》：
「脫脫是吳直方的學生，頗有儒家思想，常常『袒護』漢人南人……脫脫在伯顏與惠宗（元順帝）之間，又選擇了惠宗作為效忠的對象……」

但……順帝喵會**相信**嗎？

呃……當然**不相信**啦……

啊——
不可信

《新元史．卷二二四》：
「伯顏自殺唐其勢之後，專權自恣，漸有奸謀……伯顏養兄子脫脫為子，宿衛內廷，伺帝（元順帝）起居。脫脫見伯顏兇暴日甚，私憂之，乘間自陳忘家徇國之意，帝猶不之信。」

於是，脫脫喵便**頻繁**向順帝喵**表忠心**，

韓儒林《元朝史》：
「當時伯顏之侄脫脫，出於自家利益的考慮，見其伯父驕縱已甚，挾震主之威，深恐一旦敗亡，同遭滅族之禍，乃暗中向元順帝『自陳忘家徇國之意』……」

陛下！看看我！
陛下！我忠心不貳！
臣是您最忠實的喵！

例如一**收到**伯顏喵的**情報**，
就馬上向順帝喵**報告**。

臣是您最忠實的喵！
關於我伯父和你嬸要搞掉你的報告 .docx
1個G
喵信
？？？？？

《庚申外史．卷上》：
「（1338年）伯顏與太皇太后謀立燕帖古思而廢帝（元順帝），其侄脫脫頗聞其謀……密告於帝，令帝知而預為防。」

而順帝喵也經常派手下**試探**他，

《元史・卷一三八》：
「然伯顏自誅唐其勢之後，獨秉國鈞……勢焰薰灼，天下之人惟知有伯顏而已。脫脫深憂之，乘間自陳忘家徇國之意，帝（元順帝）猶未之信。遣阿魯、世傑班日以忠義與之往復論難……」

這一來二往，
兩邊最終才**達成**了**合作關係**。

《元史・卷一三八》：
「……益知其心無他，遂聞於帝，帝（元順帝）始無疑。」

《元史・卷一三八》：
「（至元）五年（1339年）秋，車駕留上都……伯顏擅貶宣讓、威順二王，帝（元順帝）不勝其忿，決意逐之……（脫脫）與世傑班、阿魯議，候伯顏入朝禽之。戒衛士嚴宮門出入，螭坳悉為置兵。伯顏見之大驚……遂疑脫脫，益增兵自衛。」

可這麼勾勾搭搭的，
伯顏喵也是有**察覺**的。

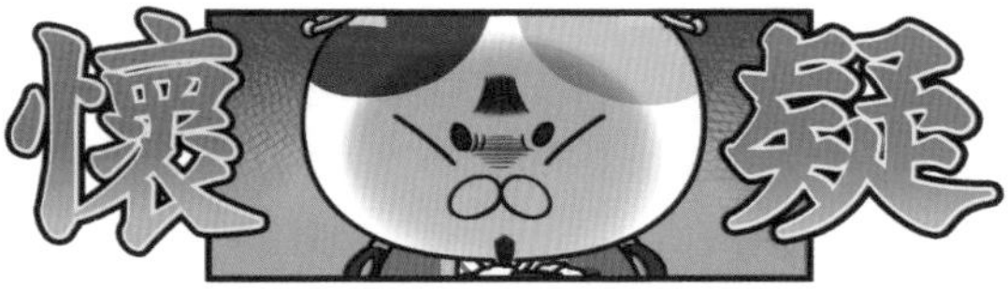

但還沒等他**出手**，

脫脫喵和順帝喵就**開始行動**了！

蔡美彪《中國通史》：
「一三三九年，伯顏指使台臣上言，漢人不可為廉訪使……伯顏擅貶宗王，順帝極為忿悶，泣告脫脫。脫脫與阿魯、世傑班定議除伯顏。」

公元1340年二月，
伯顏喵**出城打獵**。

軍事科學院《中國軍事通史》：
「後至元六年（1340年）二月，伯顏攜皇太子燕帖古思（文宗子）在柳林（今北京市東南郊）圍獵，大批侍衛親軍和怯薛從行。」

脫脫喵迅速集結軍隊並**控制**了**皇城**，

《元史・卷一三八》：

「（至元）六年（1340年）二月，伯顏請太子燕帖古思獵於柳林。脫脫與世傑班、阿魯合謀以所掌兵及宿衛士拒伯顏。戊戌，遂拘京城門鑰，命所親信列布城門下。」

而順帝喵則緊急召見大臣，

公布伯顏喵的**罪行**，

《元史・卷一三八》：

「是夜，奉帝（元順帝）御玉德殿，召近臣汪家奴、沙剌班及省院大臣先後入見，出五門聽命。又召瑀及江西范匯入草詔，數伯顏罪狀。」

《元史・卷四十》：

「（1340年）二月甲申朔，（元順帝）詔權止今年印鈔……詔曰：『……伯顏不能安分，專權自恣，欺朕年幼……變亂祖宗成憲，虐害天下……』」

不僅宣布**收回**他的**權力**，

黎東方《細說元朝》：

「他（脫脫）為了自救，同時也為了救惠宗（元順帝），救自己的父親、兄弟、全家……在至元六年（1340年）二月乘著伯顏去柳林打獵，把大都的城門關了，不讓伯顏進城，請惠宗下詔免伯顏的本兼各職……」

同時又**赦免**他的**手下們**。

《新元史・卷二〇九》：
「（至元）六年（1340年）二月，伯顏請帝（元順帝）出獵，脫脫勸帝以疾不往……黜伯顏為河南行省左丞相。伯顏使騎士至城下問故，脫脫坐城上應之曰：『有旨，逐丞相一人，餘無所問。諸從官可各還本衛。』」

意思也很清楚，
就是要**拔掉**伯顏喵的**羽翼**。

白壽彝《中國通史》：
「至元六年（1340）二月，伯顏約妥歡貼睦爾（元順帝）去柳林打獵，妥歡貼睦爾托疾不去……脫脫遂與世傑班、阿魯合謀以所掌士兵及宿衛士控制京師……」「天明，大都城門緊閉……脫脫傳聖旨曰：『諸道隨從伯顏者並無罪，可即時解散，各還本衛，所罪者惟伯顏一人而已。』」

這一頓操作下來，
伯顏喵的部下們**一哄而散**。

白壽彝《中國通史》：
「伯顏要求入京向皇帝辭行，不許。所領諸軍見伯顏失勢，紛紛散去。」

伯顏喵頓時成了**光杆司令**，

軍事科學院《中國軍事通史》：
「順帝親自刪定詔書，罷黜伯顏，命伯顏『所有元領諸衛親軍並怯薛丹人等，詔書到時，即許散還』，於是各軍皆散。伯顏失去軍隊，無能為力，只得俯首就範……」

從此再也**無法制約**到順帝喵了。

《元史・卷一三八》：
「（1340年）三月辛未，詔徙（伯顏）南恩州陽春縣安置，病死於龍興路驛舍。」

而脫脫喵則憑藉著這次行動，
一躍**成為**了順帝喵的**重臣**，

白壽彝《中國通史》：
「伯顏被逐後，妥歡貼睦爾（元順帝）命脫脫之父馬劄兒台為太師、中書右丞相……至元六年（1340）十月，脫脫出任中書右丞相。當時『天子圖治之意甚切』（《元史・蘇天爵傳》），把大權交給脫脫……」

隨後更是在順帝喵的**支持**下實行了一系列**改革**。

溫海清《元史》：
「後至元六年（1340年）十月，脫脫被任命為中書右丞相……十九歲的元順帝與二十六歲左右的脫脫，兩位血氣方剛的年輕人，銳意改革，推行新政……」

例如**恢復**被伯顏喵廢除的**科舉制**，

韓儒林《元朝史》：
「元朝科舉始於延祐二年（一三一五年）……後至元元年（一三三五年）被伯顏宣佈廢除。脫脫採納吳直方的意見，於後至元六年（一三四〇年）十二月重新恢復科舉。」
《元史・卷四十》：
「（1340年）十二月，復科舉取士制。國子監積分生員，三年一次，依科舉例入會試，中者取一十八名。」

例如**調和**蒙古統治階級內部的**矛盾**等等，

《新元史・卷一一二》：
「徹徹禿為憲宗曾孫……（伯顏）誣奏徹徹禿謀為不軌，殺之……脫脫為右丞相，始奏雪其冤，復爵邑。」
白壽彝《中國通史》：
「伯顏為了自己的私利，迫害、打擊異己，造成蒙古貴族內部不和。現在（1340年）正式為郯王（徹徹禿）昭雪……對於維護蒙古統治集團內部的團結起了一定作用。」

在一定程度上**恢復**了元朝廷的**元氣**，

內蒙古社科院歷史所《蒙古族通史》：
「伯顏被貶黜後，順帝起用脫脫當政。次年（1341年）改元至正，宣佈『更化』，恢復科舉取士，開馬禁、減鹽額，修遼、金、宋三史，政治一度轉為清明。」
邱樹森《妥懽貼睦爾傳》：
「妥懽貼睦爾（元順帝）在位36年，從後至元末到至正初的四五年間，重用脫脫，推行新政，社會政治風氣為之一新。」

史稱「**更化**」。

白壽彝《中國通史》：
「脫脫上台後，即大刀闊斧地廢除伯顏『舊政』，推行一系列新政，史稱『更化』。」

脫脫喵是元後期貴族集團中

難得的有見識有能力的**大臣**。

白壽彝《中國通史》：
「脫脫是元朝後期蒙古貴族集團中少見的有見識、有能力的宰相……用封建史家的標準來衡量，脫脫不失為善於治國的忠臣……」

因為受**儒家文化**的**薰陶**，
他自始至終沒有重走**權臣**的道路，

白壽彝《中國通史》：
「他（脫脫）接受了許多儒家文化……受儒家思想影響最大的是用儒家標準做人，他立下了『日記古人嘉言善行，服之終身』（《元史．脫脫傳》）的志向。」
《元史．卷一三八》：
「脫脫儀狀雄偉，頎然出於千百人中，而器宏識遠，莫測其蘊。功施社稷而不伐，位極人臣而不驕……至於事君之際，始終不失臣節……」

算得上是一位忠於朝廷的**重臣**。

《新元史．卷二〇九》：
「脫脫儀度雄偉，器宇閎深，不矜不伐，輕財好士，功在社稷，而始終不失臣節，有古大臣之風。」

然而他的出現，
並**沒有阻擋**元朝的**衰落**。

張豈之《中國歷史．元明清卷》：
「伯顏倒台後，脫脫繼任相位，糾除若干弊政，時稱「更化」，稍顯復興之跡象。但從整體來看，元朝統治的頹勢已無法挽回。」

滔滔的黃河水將給這艘大船送上**致命的一擊**，

《元史．卷四十一》：
「（至正）四年（1344年）春正月
辛未，享於太廟……庚寅，河決
曹州，雇夫萬五千八百修築之。
是月，河又決汴梁。」

在中原腹地有一股力量正在**悄然崛起**。

（且聽下回分解。）

編者按

自元朝建立以來，蒙古統治集團內部一直存在著尖銳的矛盾，除了權力鬥爭之外，還有改革派和保守派之爭。其中，改革派支持漢化改革，而保守派堅守蒙古舊俗，伯顏就是一個極端保守的權臣。他排斥漢人、廢除科舉，採取民族壓迫的做法更是不得人心。因此脫脫的政變，被稱為「拔去大憝（ㄉㄨㄟˋ），如剔朽蠹」，意思就是除去大惡人、剔除腐朽的東西。這是符合人心的舉動。然而脫脫廢除伯顏舊政，只是在一定程度上緩和了民族矛盾，他的改革沒有觸及腐敗的官場，也沒有試圖解決元朝嚴重的財政危機和土地兼併等問題，百姓的生活仍然十分困苦。因此，即使脫脫的改革措施成功推行，但對於大廈將傾的元皇朝來說也不過是杯水車薪。

脫脫——年糕（飾）　元順帝——湯圓（飾）　伯顏——花卷（飾）

參考來源：《元史》、《元史新編》、《新元史》、《庚申外史》、翦伯贊《中國史綱要》、張作耀等《中國歷史辭典》、溫海清《元史》、韓儒林《元朝史》、蔡美彪《中國通史》、朱紹侯《中國古代史》、白壽彝《中國通史》、邱樹森《妥懽貼睦爾傳》、周良霄和顧菊英《元史》、黎東方《細說元朝》、軍事科學院《中國軍事通史》、張豈之《中國歷史·元明清卷》、內蒙古社科院歷史所《蒙古族通史》、白鋼《中國政治制度通史》

附錄

【家底雄厚】

伯顏生前生活奢侈，
斂財無數。
他死後，朝廷沒收了他的財產，
但數了幾個月都沒數完。

【大臣奶爸】

元順帝非常信任脫脫，
甚至將自己剛出生的兒子
都交給脫脫撫養，
一直養到6歲才接回身邊。

【換帝計劃】

伯顏曾打算廢掉元順帝，
扶持其他皇室成員當皇帝，
但是他還沒來得及動手就被趕下台了。

百群喵檔案

年糕小劇場

《年糕去旅遊 1》

明天我要去旅遊，這個錦囊給你。
這是？
當你遇到難題想找我幫忙時，它可以救你一命，但必須萬不得已時才可以打開。
好的，我記住了。
一週後
啊啊啊！不行了，必須求助了！
我沒有去旅遊，就在家裡，有啥事給我打電話。

《年糕去旅遊 2》

這是對你的考驗，有時得逼一逼自己，才知道自己的潛力有多大。
確實……是這樣……
好啦，這次我真的要去旅遊啦，回來給你帶土產啊！
啊？真的要走嗎？
一週後
我回來啦！
歡迎回來，給我帶了什麼土產呀？
你看！
全是香蕉嗎？
BANANA

年糕

處女座

生日：9 月 8 日

身高：181 公分

喜歡的電影類型：懸疑主題

假期的計畫：看書

（年糕擬人介紹）

年糕的像素世界
niangao's pixel world

第一百四十二回◉紅巾起義

公元**1344**年，

黃河**決堤**，滔天的洪水淹沒了大地。

蔡美彪《中國通史》：
「一三四三年，河南等處飢荒。次年正月，黃河在曹州決口。同月，又在汴梁決口。五月間大雨，黃河又暴漲，平地水深二丈，沖決白茅堤和金堤。」
《新元史．卷二十四》：
「（1344年）五月甲辰，右丞相脫脫罷……河決白茅堤、金堤，平地水深二丈……」

《元史．卷四十一》：
「（1344年）五月乙未，右丞相脫脫辭職……是月，大霖雨，黃河溢，平地水二丈，決白茅堤、金堤，曹、濮、濟、兗皆被災。」
白壽彝《中國通史》：
「至正四年（1344年）五月，大雨二十餘日，黃河暴溢，水深達二丈許，白茅堤、金堤先後北決，沿河郡邑均遭水災，給廣大人民群眾帶來了極大的苦難。」

大量百姓瞬間陷入到**災難**當中，

為此，元中央動用巨大國力**治理黃河**。

《元史．卷四十二》：
「（1351年）夏四月壬午，（元順帝）詔開黃河故道，命賈魯以工部尚書為總治河防使，發汴梁、大名十三路民十五萬，廬州等戍十八翼軍二萬……」
《庚申外史．卷上》：
「至正十一年（1351年）。歸德知府觀音奴言，今河決白茅，日徙而北，失其故道，當疏塞以為地利……其費以億萬計，府庫為空。」

歷經**190天**，黃河水患得以**遏制**。

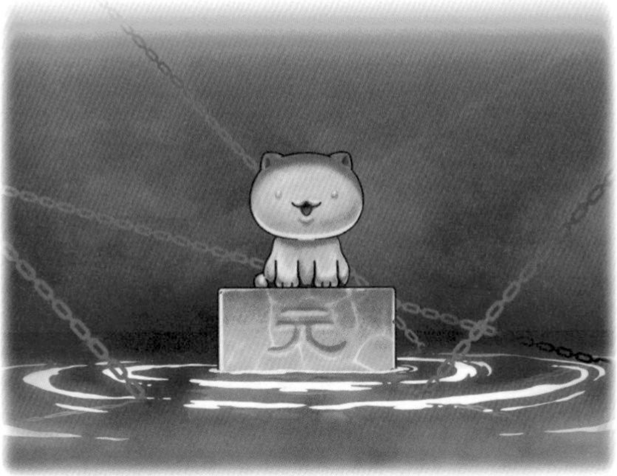

白壽彝《中國通史》：
「至正十一年（1351年）四月初四日，妥歡貼睦爾（元順帝）正式批准治河……整個工程計190天。賈魯按照他的疏塞並舉、先疏後塞的方案，成功地完成了治河工程。」

然而，正是治河的這一行動
成為了**壓垮大元皇朝**的最後一根稻草。

傅樂成《中國通史》：
「（1351年）元室以黃河屢次潰決，命賈魯為總治河防使，加以修治。魯徵用黃河南北軍民十七萬人從事修河……並未能發生安定民生的作用。相反的，亂事日趨嚴重，終使元室走上傾覆之途。」

自**成宗以來**的五十年間，

元統治階級**爭鬥不斷**，

韓儒林《元朝史》：

「至元三十一年（一二九四年）忽必烈死，宗室諸王會集上都……鐵穆耳遂即帝位，是為元成宗。」

蔡美彪《中國通史》：

「自成宗以來，蒙古貴族間爭奪皇位和爭奪權利的鬥爭，連綿不斷……」

官僚階級則**腐敗成風**。

張豈之《中國歷史．元明清卷》：

「早在忽必烈在位時期，就已出現政治腐敗的跡象……成宗即位以後，標榜『守成』……在『守成』的幌子下，君臣不思進取，也使忽必烈後期的政治弊端無法得到治理，腐敗風氣日趨嚴重。」

在這樣的情況下，

即便中央做過一些**改革**，

白壽彝《中國通史》：

「至元六年（1340）十一月，脫脫出任中書右丞相……立即大刀闊斧地廢除伯顏『舊政』，推行一系列新政，史稱『更化』。」

也**無法阻止**元皇朝的**潰爛**。

白壽彝《中國通史》：
「由脫脫主持更化政策，主要是廢除伯顏舊政，調整與漢族地主階級的關係，鞏固蒙古統治集團內部的團結，加強文治……沒有觸及遏制土地兼併、解決財政危機等更尖銳的問題……改變不了元朝整個政治肌體敗壞、大廈將傾的局面……」

百姓長期掙扎在**死亡線**邊緣，

韓儒林《元朝史》：
「從元順帝妥懽貼睦爾即位（一三三三年）……權臣擅權，吏治敗壞，貪污成風，賄賂公行，宮廷揮霍浪費，賞賜之濫驚人，加上土地兼併，賦役不均，災荒頻仍，造成廣大勞動人民賣兒鬻女，父子相食的悲慘情景屢屢發生……」

治河工程更是成為了其沉重的**負擔**。

他們不僅承受著**殘酷的勞役**，

蔡美彪《中國通史》：
「一三五一年四月，賈魯以工部尚書、總治河防使率領河南、北路軍民，大舉治河。」「連年的水旱飢荒，河南、河北、山東等處的人民，已經迫近死亡的邊緣。修黃河發動十五萬民工，哀苦之聲相聞，死者枕藉，人民的負擔極為沉重。」

官吏的貪污甚至使被徵調的喵民連飯都**吃不飽**。

韓儒林《元朝史》：
「至正十一年（一三五一年）四月，元順帝任命賈魯為工部尚書、總治河防使，領河南、北諸路軍民……到河上服役。」「黃河氾濫後七年來，沿河兩岸的貧苦農民遭受了洪災、飢荒和瘟疫，長期在死亡線上掙扎……被強徵為河工後，伙食和工資又遭到治河官員的剋扣……」

整個社會**充斥**著大量**不滿**的情緒。

韓儒林《元朝史》：
「……這些半飢半飽的河工，在軍隊的皮鞭下擔負著極其沉重的勞役。他們實際上是被驅使的奴隸。怨恨、憤怒的氣氛，籠罩著治河的工地……表現了中原地區廣大受災的勞動人民的怨恨和憤怒。」

在這個背景下，

一個組織逐漸**壯大**，

這就是**白蓮教**。

王兆祥《白蓮教探奧》：
「元代政治黑暗，社會混亂，
民不堪命……正是在這樣的社
會條件下，秘密宗教得到了很
大發展……終於匯合為一個統
一的宗教——白蓮教。」

白蓮教成立於**南宋**時期，

白壽彝《中國通史》：
「白蓮教淵源於佛教淨土宗的
彌勒淨土法門，得名於五世紀
初東晉廬山慧遠之白蓮社。南
宋初昆山（今屬江蘇）人茅子
元創立白蓮宗，即白蓮教。」

不僅允許「**居家修行**」，

張豈之《中國歷史・元明清卷》：

「白蓮教本為佛教淨土宗的一個支派，創立於南宋初年，崇奉阿彌陀佛，以普勸在家人齋戒念佛、死後同生淨土為宗旨。因其教義淺顯，修行簡便，允許『在家出家』……」

且宣稱只要**在家**念經拜佛，

死後就可以前往**極樂世界**。

韓儒林《元朝史》：

「南宋初昆山（今江蘇昆山）人茅子元創立白蓮宗，即白蓮教。他們崇奉阿彌陀佛，只要口念阿彌陀佛，死後即可『往生』西方極樂世界。」

這樣「**便民**」的修行方式，

吸引了不少**會員**。

江耀琴《中國古代史》：

「白蓮教產生之初曾遭到官方禁止，茅子元被流放到江州（今江西九江）。但因教義淺顯、修行簡便而得以傳播……到處有人傳習，甚至遠播到蒙古統治下的北方。」

到了元朝，

白蓮教更是宣稱會有「**救世主**」降臨。

江耀琴《中國古代史》：「白蓮教的組織和教義在元代起了變化……改奉彌勒佛，宣揚『彌勒下生』。」

邱樹森《元朝史話》：「據佛教傳說……等彌勒佛下生，世界立刻變樣子，到處有寬闊、乾淨的土地，青山綠水，滿地鋪著金沙，還有各種無名的寶貝……」

這樣的宣傳，

給痛苦不堪的百姓帶來了無限**希望**，

邱樹森《元朝史話》：「白蓮教和彌勒教的教義給貧苦的農民帶來了無限美好的希望。他們一經信教，就堅信不移，虔誠地等待明王出世，彌勒下生。」

於是**信眾數量**不斷**擴大**，

濮文起《民間宗教與結社》：「元代是白蓮教大發展時期，彌勒信仰風靡全國，神州大地到處是白蓮教信徒。」

而這也成了培養**反元**勢力的「**溫床**」。

王兆祥《白蓮教探奧》：
「白蓮教的活動規律主要是『夜聚曉散』。這是因為教徒中許多是勞動人民，他們白天勞動，晚上才有時間進行佛事活動。這種活動方式就為那些反官府的各種勢力提供了一定的方便。他們可以借夜幕的掩護，又以宣傳宗教為手段，進行各種反元活動。」

其中有**兩個喵**的出現，
便讓白蓮教成為了**反元**的**中心**。

雷家宏、王瑞明《湖北通史·宋元卷》：
「白蓮教被元末農民起義組織者所利用，成為宣傳和發動群眾的工具和思想武器。」

他們就是**韓山童喵**和**劉福通喵**。

張豈之《中國歷史·元明清卷》：
「至正十一年（1351年）治河工程開工後……韓山童、劉福通等計畫趁機發動起義。」

山童喵是**白蓮教**的**教主**，

韓儒林《元朝史》：

「韓山童出身於北方白蓮教世家……繼為白蓮教主……」

從他**爺爺**開始就一直在為白蓮教**做宣傳**。

邱樹森《元朝史話》：

「韓山童是趙州欒城（今河北欒城）人。他祖父是一個教書先生，人稱韓學究，在欒州一帶宣傳白蓮教，燒香聚眾……」

《元史．卷四十二》：

「初，欒城人韓山童祖父，以白蓮會燒香惑眾……」

所以等到山童喵做教主的時候，

信眾已經非常**龐大**。

邱樹森《元朝史話》：

「到韓山童繼為白蓮教主時，他的教徒更多了，在河南、江淮一帶擁有廣泛的群眾基礎……」

但他卻並不只是**壯大教會**，

而是打算通過白蓮教**推翻**元朝的**統治**。

蔡美彪《中國通史》：
「韓山童利用民間廣泛流傳和熟習的傳說，倡言天下當大亂……號召人們整個地推翻元朝的統治，重立新王。」

因為**黃河水患**，
大量的百姓被**徵調**去治水。

《新元史・卷二十五》：
「（1351年）夏四月壬午，賈魯為工部尚書、總治河防使，發民夫十五萬、兵二萬，開河合於故道，凡二百八十餘里。」

這之中就有**大量**的白蓮教**信眾**。

齊豫生、夏于全《中國通史》：

「韓山童、劉福通和南方的彭瑩玉都是以摩尼教（又稱明教）、彌勒教和白蓮教等宗教組織形式進行起義的宣傳活動……許多教徒去當挑河夫，去民工中進行宣傳。」

繁重的**徭役**導致怨氣滔天，

朱紹侯《中國古代史》：

「至正十一年（1351年）四月，元順帝任命賈魯為工部尚書，總治河防使，徵發河南汴梁（開封）、河北大名等13路15萬民工……河工們本來就是遭災的飢民，被征為河工後，伙食和工錢被治河官吏剋扣，又在軍隊的監視下勞動，愈加憤怒怨恨……」

而這正好就給了山童喵**機會**。

白壽彝《中國通史》：

「元末社會矛盾極其尖銳，特別是變鈔、開河後社會矛盾進一步激化。賈魯開河後，韓山童等決定利用這一時機發動起義。」

他先是宣揚**救世主**即將**降臨**，

《新元史·卷二二五》：
「至正初，山童倡言天下將大亂，彌勒佛出世。愚民私相附從。」

啊！救世主要降臨了，
我們要過上好日子了！

接著又在工地裡埋了個**石像**，製造**預言**。

啊！這麼糟糕的日子！不反還等什麼時候？
反

《國初群雄事略·卷一》：
「先是，至正庚寅間，參議賈魯，以當承平之世，欲立事功……瀕河起集丁夫二十六萬餘人，朝廷所降食錢，官吏多不盡支，河夫多怨。韓山童等因挾詐，鑿石人，止一眼，鐫其背曰：『莫道石人一隻眼，此物一出天下反。』預當開河道埋之。」

一頓操作下來，
很多喵民就被**鼓動**了。

《國初群雄事略·卷一》：
「掘者得之，遂驚亂。是時，天下承平已久，法度寬縱，貧富不均，多樂從亂。不旬月，眾殆數萬人。」

沒錯！太過分了！
連飯都吃不飽！
貪官們太過分了！

可以說**群情洶湧**！

白壽彝《中國通史》：「至正十一年（1351年）四月，賈魯開河後不久，民工挖出獨眼石人，消息不脛而走，大河南北，人心浮動。韓山童等借獨眼石人來鼓動造反，收到了預期的效果。」

啊，不過……起義的消息卻**走漏了**，

周良霄、顧菊英《元史》：「韓山童以彌勒佛降生，明王出世，於至正十一年（1351年）五月……倡言韓山童實宋徽宗八世孫，當為中國主，聚集徒眾，殺白馬黑牛，誓告天地，準備起義，由於事機洩密……」

山童喵還沒開始就被元朝政府發了**便當**。

周良霄、顧菊英《元史》：「……縣官瘋狂緝捕，韓山童被擒犧牲……」

不過幸好還有一個**關鍵角色**扛起了大旗，

這就是**劉福通喵**。

蔡美彪《中國通史》：
「一三五一年五月，劉福通等三千人在潁州境內某地聚會，誓告天地，準備起兵。不料事先洩露了消息。官軍趕來搜捕，韓山童被捕犧牲。妻楊氏、子韓林兒乘間逃走。」「韓山童組織起義的計畫被破壞，劉福通當機立斷，奮起發難。」

福通喵是山童喵的**鐵杆支持者**，

白壽彝《中國通史》：
「元朝末年，由於權臣專權，官貪吏汙，社會矛盾極其尖銳。北方白蓮教主韓山童以宣傳白蓮教的方式廣收門徒，劉福通與羅文素、盛文郁、杜遵道、王顯忠、韓咬兒等成為韓山童最早的一批信徒。」

不僅**英勇善戰**，

蔡美彪《中國通史》：
「潁州劉福通英勇善戰，是當地白蓮會的首領。」

而且也**善於謀劃**，

白壽彝《中國通史》：
「(劉福通) 在往後長期的鬥爭中，展示了他的軍事和政治才能。」
[德]傅海波、[英]崔瑞德《劍橋中國遼西夏金元史》：
「韓山童很久以來就是欒城 (今河北東北) 秘密教派的領袖……有一個政治顧問劉福通……」

山童喵死後，
福通喵便**接過**了起義的**擔子**。

傅樂成《中國通史》：
「元末有韓山童者，欒城 (今河北欒城縣) 人……謀起兵，以紅巾為標誌。事為官府發覺，捕誅山童，山童妻及子林兒逃走。福通乃於至正十一年 (1351) 糾眾而反……」

公元1351年，

福通喵重新**集結隊伍**，

《新元史．卷二二五》：

「至正十一年（1351年），福通等殺黑牛白馬，誓眾謀作亂。事覺，縣吏捕之急，山童就獲伏誅。其妻楊氏攜林兒遁至武安。福通遂部署其眾以反。」

元末大起義從此正式**爆發**。

軍事科學院《中國軍事通史》：

「劉福通整頓隊伍，提前起義，於至正十一年（1351年）五月攻占潁州。」「由韓山童和劉福通、杜遵道等人發動的東系紅巾軍起義，是元末農民大起義的先聲，它起到了宣傳起義，發動起義的作用，是元末農民大起義的先鋒和骨幹隊伍。」

面對著氣勢洶洶的紅巾軍，

元軍這邊因長期的腐敗簡直**不堪一擊**。

蔡美彪《中國通史》：

「（1351年）劉福通、杜遵道等發動起義……元朝官軍已是腐朽無能，不堪一擊。」

第一戰派出**六千兵力**，

《國初群雄事略．卷一》：
「（1352年）朝廷聞紅巾起，命樞密院同知赫廝、禿赤領阿速軍六千，並各支漢軍，討潁上紅軍。阿速者，綠睛回回也，素號精悍，善騎射，與河南行省徐左丞俱進軍。」

剛看到起義軍就**嚇跑了**。

《國初群雄事略．卷一》：
「三將沉湎酒色，軍士但以剽掠為務。赫廝軍馬望見紅軍陣大，揚鞭曰：『阿蔔！』阿蔔者，言走也。於是所部皆走。」

第二戰派了**十萬大軍**，

邱樹森《元朝史話》：
「劉福通領導的主力紅巾軍，始終是元朝的『心腹大患』。赫廝鎮壓紅巾軍失敗後，元順帝又令知樞密院事也先帖木兒、衛王寬徹哥等率諸衛兵十餘萬人去鎮壓……元將鞏卜班率數萬軍隊駐汝寧沙河岸……」

主帥卻是個**酒鬼**，

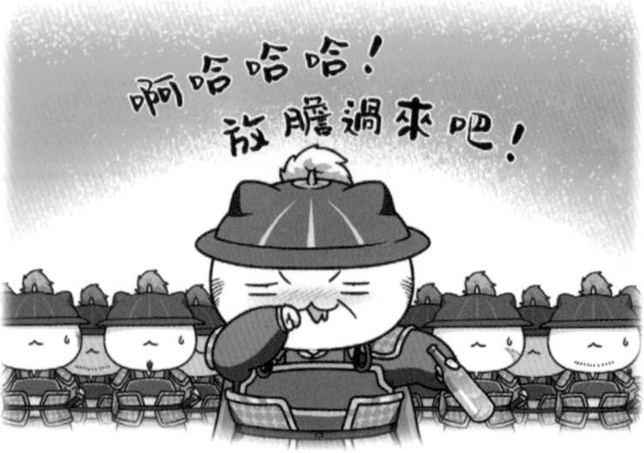

邱樹森《元朝史話》：
「……他們為暫時的勝利所陶醉，日夜飲酒作樂。」
《新元史・卷二二五》：
「（至正）十二年（1352年），朝廷遣逯魯曾募兩淮鹽丁五千人……朝廷又遣平章鞏卜班下放，將侍衛漢軍及蒙古軍數萬討之。鞏卜班亦日夜縱酒，不以兵事為意……」

被福通喵一**偷襲**，就輸了個底朝天。

《新元史・卷二二五》：
「……為福通所襲，大敗。軍中失大將所在，數日，閱死者屍，始知鞏卜班已死。官軍引卻三百餘里……」

第三戰直接派出**三十萬大軍**，

《庚申外史・卷上》：
「至正十二年（1352年）。正月，孟海馬陷襄陽……御史大夫也先帖木兒代為總兵，凡精兵三十餘萬，金銀物帛，車數千輛，河南北供億萬計，前後兵出之盛，無如此者。也先帖木兒駐軍沙河……」

可仗還沒開打就**內亂**了……

《庚申外史．卷上》：

「……未及兩月，軍中夜驚，也先盡棄軍資器械，糧運車輛山積，僅收散卒萬人，直抵汴城下。」

南炳文、湯綱《明史》：

「（1352年）元朝政府遭到了兩次失敗之後，就命御史大夫也先帖木兒代為總兵，率領精兵三十餘萬……一夕，軍中夜驚，自相擾亂，也先以為起義軍殺進營寨來了，就盡棄軍資器械……一直逃到開封城下。」

福通喵**又**收穫了**一場勝仗**……

《新元史．卷二二五》：

「五月，也先帖木兒屯沙河，數旬不敢進。軍中夜驚，也先帖木兒先遁……諸軍皆潰散，軍資山積，悉為福通所有。」

幾場勝利下來，

極大地**提高**了福通喵的**名氣**，

《元史．卷四十二》：

「（1351年）五月己酉朔，日有食之。辛亥，潁州妖人劉福通為亂，以紅巾為號，陷潁州。」

雷家宏、王瑞明《湖北通史．宋元卷》：

「劉福通在潁州及附近地區取得節節勝利的消息，鼓舞了四面八方的人民群眾。」

同時也**鼓舞**了更多喵民**加入**到倒元的鬥爭中。

《國初群雄事略．卷一》：
「（1351年）五月，潁州紅軍起……河、淮、襄、陜之民，翕然從之。故荊、漢、許、汝、山東、豐、沛以及兩淮紅軍皆起應之。」

翦伯贊《中國史綱要》：
「至正十一年（1351年）爆發的紅巾軍大起義，主要分為兩支，一支起於潁州，領導人是劉福通，一支起於蘄、黃，領導人是徐壽輝、彭瑩玉。」「這兩支農民軍頭裹紅巾，稱為紅巾軍或紅軍……還有蕭縣芝麻李，南陽布王三，荊、樊孟海馬，濠州郭子興……」

他們大多**頭戴紅巾**，

史稱「**紅巾軍起義**」。

邱樹森《元朝史話》：
「因為劉福通的起義軍都頭裹紅巾，所以稱紅巾軍……紅巾軍是元末農民起義軍的主力軍，他們人數多，組織得好，鬥爭目標明確，貢獻最大，所以元末農民起義又叫紅巾軍起義。」

大起義雖然**發展迅猛**，

周良霄、顧菊英《元史》：「從至正十一年（1351年）五月潁州首義到翌年七月攻占杭州這一年多的時間，以白蓮教為組織的人民起義迅速蔓延在黃河以南今河南、湖北、安徽、江西、湖南、江蘇以及浙江北部、福建西北部的廣大地區。」

但作為一個大帝國，
元朝仍然擁有著**巨大的優勢**。

李光璧《中國農民起義論集》：「紅巾軍大起義以後面對著龐大的元朝政治軍事和政權展開了生死的戰鬥，這個革命任務是非常艱巨的。當時元朝調動了各地官軍的精銳部隊，妄想撲滅大起義的火焰。」

那麼面對巨大的**倒元浪潮**，
元中央將**如何**應對呢？

（且聽下回分解。）

編者按

黃河水災爆發後，元朝君臣曾討論黃河治理工程是否可行，當時的大臣成遵認為百姓本就困苦，治河會加重百姓的負擔，而大量不滿的百姓聚集在一起，很容易聚眾造反。他的預言最後確實應驗了。然而對於元朝統治者而言，水災淹沒了鹽場，又波及運河。鹽稅是國家的重要經濟來源，南方的財富也需要通過運河運往首都，國家的經濟命脈岌岌可危。此外，受水災影響的災民流離失所，有可能成為盜匪或起兵造反，是社會上的不安定因素。因此元廷明知治河工程風險極大，卻不得不推進。雖然治河工程是元末農民起義爆發的導火線，但元末的社會早已是個火藥桶，即使沒有這一事件，大起義的爆發也只是時間問題。

韓山童——豆花（飾）

劉福通——油條（飾）

參考來源：《元史》、《新元史》、《庚申外史》、《國初群雄事略》、韓儒林《元朝史》、白壽彝《中國通史》、蔡美彪《中國通史》、傅樂成《中國通史》、齊豫生和夏于全《中國通史》、邱樹森《元朝史話》、翦伯贊《中國史綱要》、周良霄和顧菊英《元史》、南炳文和湯綱《明史》、軍事科學院《中國軍事通史》、王兆祥《白蓮教探奧》、張豈之《中國歷史·元明清卷》、江耀琴《中國古代史》、朱紹侯《中國古代史》、濮文起《民間宗教與結社》、雷家宏和王瑞明《湖北通史·宋元卷》、[德]傅海波和[英]崔瑞德《劍橋中國遼西夏金元史》、李光璧《中國農民起義論集》

附錄

【反元復宋】

劉福通曾宣傳韓山童
是宋徽宗的八世孫，
他則是宋朝大將劉光世的後代，
表示他們要聯合恢復宋朝。

【「香軍」】

紅巾軍裡有很多白蓮教徒，
他們經常燒香拜佛，
因此紅巾軍也被稱為「香軍」。

【小明王】

劉福通將起義軍發展壯大後，
並沒有自己當老大，
而是讓韓山童的兒子韓林兒
當起義軍的領袖，
稱其為「小明王」。

百群喵檔案

豆花小劇場

《惡靈》

《做美甲》

豆花

天秤座

生日：10 月 16 日

身高：165 公分

喜歡的電影類型：恐怖主題

假期的計畫：逛博物館

（豆花擬人介紹）

豆花的像素世界
douhua's pixel world

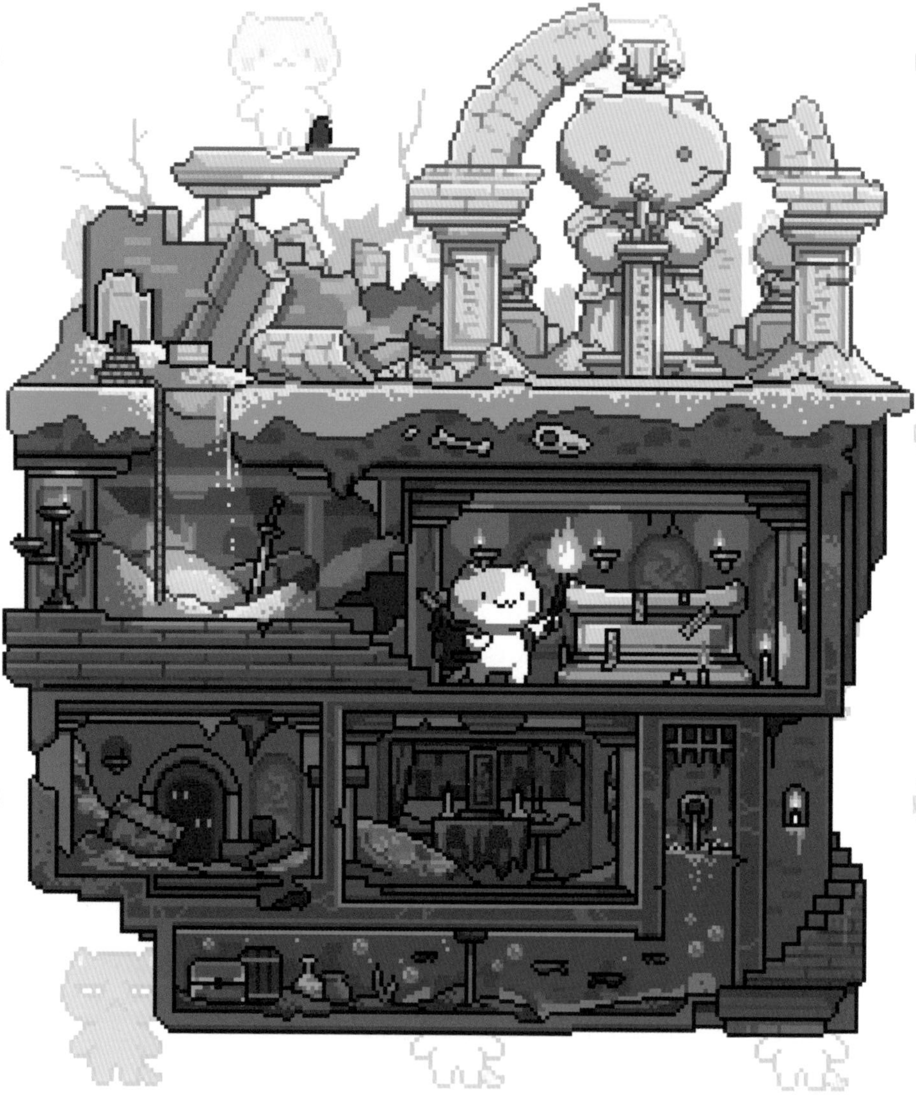

第一百四十三回◉高郵之戰

因為元末的殘酷統治，
轟轟烈烈的農民**大起義爆發**了。

軍事科學院《中國軍事通史》：
「隨著政治的腐敗，順帝時的社會經濟也已完全崩潰……至正十一年（1351年），終於爆發了轟轟烈烈的農民大起義。」
白壽彝《中國通史》：
「（1351年）五月初，韓山童與劉福通、杜遵道等，聚眾三千人……於五月初三日攻占潁州，大起義正式爆發……稱紅巾軍……」

在紅巾軍的帶動下，
各地**起義軍**不斷**衝擊**著元朝的**統治**。

韓儒林《元朝史》：
「（1351年）在劉福通率領的紅巾軍取得節節勝利的大好形勢下，全國各地紛紛起兵回應，在北方地區的主要有芝麻李（即李二）等起於徐州，布王三（即王權）、孟海馬等起於湘漢流域、郭子興等起於濠州（今安徽鳳陽）。」

面對這樣的情況，

元中央展開了大規模的**反擊戰**。

周良霄、顧菊英《元史》：

「從至正十一年（1351年）五月潁州首義到翌年七月攻占杭州這一年多的時間，以白蓮教為組織的人民起義迅速蔓延……」「元廷方面，狃於宴安，武備鬆弛，因此，在起事時期，顯然感措手不及……至正十二年（1352年）閏三月，鑑於起義燎原之勢已成，乃傾全力組織力量，進行鎮壓。」

元朝政府不僅擁有**大批**裝備先進的**軍隊**，

韓儒林《元朝史》：

「起義農民取得的重大勝利，嚴重威脅著元朝的封建統治。元朝統治者調動他們的所有武裝力量，向農民起義軍猛撲過來，進行殘酷的鎮壓……元朝軍隊憑藉武器裝備的優勢……鎮壓了徐州芝麻李的起義軍……」

還支持各地**地主**、**豪強**組建軍隊**對抗**起義軍。

白壽彝《中國通史》：

「面對紅巾軍起義的浪潮……元廷又用賣官、募捐等辦法來求助於富豪鉅賈，組織和支援地主武裝——義兵……此類地主武裝，農民起義地區處處皆有，他們配合元軍，使紅巾軍遭受很大損失。」

在共同利益的驅使下，
這股**反起義**的**力量巨大**，

李光璧《中國農民起義論集》：
「全國各地大地主土豪們的利益和元朝統治者的利益是一致的。」

蔡美彪《中國通史》：
「垂死的元朝，面對著農民起義的浪潮，仍然竭盡全力調動蒙漢諸軍，展開了大規模的反攻戰。與農民為敵的各地地主土豪此時也紛紛組織武裝，配合官軍，鎮壓起義。」

蔡美彪《中國通史》：
「一三五二年、一三五三年間，元朝官軍與各地地主武裝相聯合，大舉鎮壓農民起義。各地紅巾軍遭到嚴重的挫折。」

農民起義遭到了嚴重的**挫折**。

而此時，一個喵的出現促使**局勢**產生了**變化**，

他就是**張士誠喵**。

《國初群雄事略．卷六》：
「士誠姓張氏，泰州白駒場人。」

士誠喵原本是**運鹽船**上的**船夫**，

《國初群雄事略．卷六》：
「士誠，小字九四，泰之白駒場亭民，以操舟運鹽為業。」

私下也做著**販賣私鹽**的買賣，

《新元史．卷二二五》：
「張士誠，泰州白駒場人。以行稱，曰張九四，少有膂力，厚重寡言。與弟士義、士德、士信，並駕鹽綱船，業私販。」

年輕的時候就以**強壯**和**廣交好友**而出名。

《明史・卷一二三》：
「張士誠，小字九四，泰州白駒場亭人。有弟三人，並以操舟運鹽為業，緣私作奸利。頗輕財好施，得群輩心。」
［美］牟復禮、［英］崔瑞德《劍橋中國明代史》：
「張士誠在年輕的時候就作為一個身體強壯、脾氣暴躁、武藝高強、交友大方的流氓而聞名……」

大哥威武！
義薄雲天啊！
哈哈哈哈！
有你是我的福！
老大，真爺們！

不過……
這哥們倒是經常**受到**富商和官兵的**欺負**。

《新元史・卷二二五》：
「泰州富人多侮士誠，或負其鹽直，弓兵邱義尤窘辱之。」

喲！又在這兒賣東西呀！是不是該交點保護費啊？
這個月的款先欠著哦！

他那個**氣**啊……

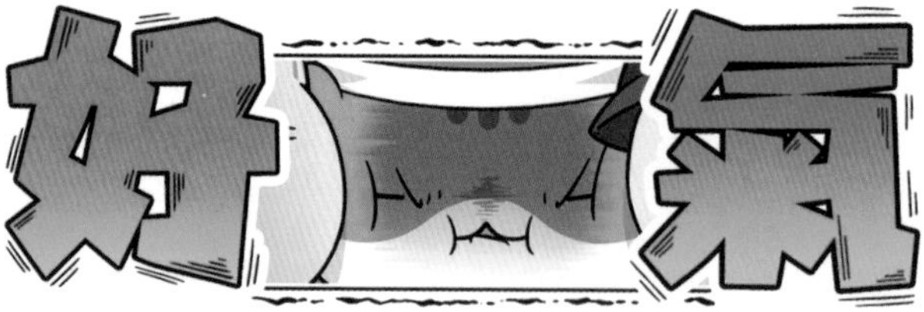
好氣

《國初群雄事略・卷六》：
「（張士誠）販鹽諸富家，富家多淩侮之，或弗酬其直（值）。弓兵邱義者，屢窘辱之，士誠不勝憤。」

恰好這時**農民起義爆發**了，

軍事科學院《中國軍事通史》：
「至正十一年（1351年），全國性農民大起義爆發……」

這下士誠喵就**不忍**了，

憤而投入到**起義**運動中去，

《國初群雄事略．卷六》：
「（1353年）癸巳正月，（張士誠）遂與其弟士義、士德、士信結壯士李伯升等十八人，殺邱義並所仇富家，焚其廬舍……」

並且很快就**拉起**了一支**隊伍**。

《國初群雄事略．卷六》：

「張九四（張士誠）為鹽場綱司牙儈，以公鹽夾帶私鹽，並緣為奸利。資性輕財好施，甚得人心。當時鹽丁苦於官役，遂共推為主作亂。」

韓儒林《元朝史》：

「至正十三年（1353年）正月……張士誠與其弟士義、士德……招集『苦於官役』的鹽丁，起兵反元，乘勝攻下泰州，『有眾萬餘』……」

恰好當時元朝的大部隊正忙著**到處打**起義軍，

邱樹森《元朝史話》：

「張士誠攻下泰州後，對元朝是一個極大的威脅。當時南北紅巾軍正浴血奮戰於大江南北，元朝丞相脫脫雖然鎮壓了徐州芝麻李，卻顧不了全國各地農民起義。」

這便給了士誠喵**左右騰挪**的機會。

邱樹森《元朝史話》：

「張士誠在泰州起義後，既影響了元朝的鹽稅和漕運收入，又與紅巾軍遙相呼應。元朝只好採取『剿』、『撫』兩手策略，對張士誠以撫為主。」

他一路不斷**擴大勢力**，

《國初群雄事略．卷六》：

「（1353年）癸巳正月，張士誠起自泰州，劉子仁兵潰，其勢始振，從者萬餘人。三月，攻陷泰州，淮南行省告變，元以萬戶告身招之，不受。五月，復陷泰州及興化縣，遂據高郵。」

甚至**建立**了自己的**政權**。

《元史．卷四十三》：

「（1353年）泰州白駒場亭民張士誠及其弟士德、士信為亂，陷泰州及興化縣，遂陷高郵，據之，僭國號大周，自稱誠王，建元天佑。」

而最要命的是，

他還**占據**了元朝的**運河要道**。

邱樹森《妥懽貼睦爾傳》：

「至正十三年（1353年）正月，泰州白駒場（今屬江蘇東台）鹽販張士誠與其弟士義……克興化、威脅高郵。高郵處在運河之濱……把截要衝……」

《新元史．卷二二五》：

「（至正）十三年（1353年），士誠攻泰州……時左丞契哲篤鎮高郵。士誠率眾數千噪而入，哲篤等皆遁去，士誠遂據高郵。」

運河不通暢，

等於**掐斷**了運往中央的**錢**和**糧食**。

白壽彝《中國通史》：

「南北紅巾軍雖一度轟轟烈烈，但多得地不能守……張士誠卻在全國起義轉入低潮時崛起於淮東，且占據運河要道，嚴重影響江南財富和糧食通過運河北運大都，等於掐斷了元廷的財源……」

這可就**不是鬧著玩**了。

周良霄、顧菊英《元史》：

「張士誠所據高郵，扼南北大運河衝要，遂使南北動脈梗塞，構成對元廷的巨大威脅。」

於是乎，

元中央組織出號稱**百萬級**的**大軍**撲向士誠喵，

周良霄、顧菊英《元史》：

「至正十四年（1354年）九月，（元朝）為了重新打通南北大運河這一交通命脈……又一次大舉出征據高郵的張士誠。這次出征，聲勢十分浩大，調集了諸王、諸省，號稱百萬的大軍參加……」

而**統領**大軍的便是元朝**丞相**——

脫脫喵。

《新元史・卷二二五》：
「(至正)十四年(1354年)，行省以士誠始終旅拒，始議攻討……九月，丞相脫脫總大軍南征，眾號百萬，旌旗亙千里……」

脫脫喵**不僅**是個**改革家**，

《新元史・卷二〇九》：
「至正元年(1341年)，以脫脫為右丞相。脫脫悉更伯顏舊政，復科舉取士及太廟四時祭，雪郯王之冤，召還宣讓、威順二王使居舊藩位，弛馬禁，減鹽額，蠲負逋，開經筵，遴選儒臣勸講，中外翕然，稱賢相焉。」

還是一個**身經百戰**的**將領**。

新元史·卷二〇九》：

「（脫脫）膂力過人，能挽弓一石……至順二年（1331年），授忠翊侍衛親軍都指揮使……至元初，唐其勢伏誅，其叔父答里擁兵以叛，脫脫討擒之。」「（至正）十二年（1352年），紅巾賊芝麻李據徐州，眾數萬，僭號稱王。脫脫請自將討之。師次徐州……麾軍擊敗之……」

浩浩蕩蕩的**大軍**在他的帶領下**兵威強盛**，

《新元史·卷二〇九》：

「時張士誠據高郵，號召江淮，梗南北運道，連年用兵弗克。（至正）十四年（1354年），詔脫脫總制諸軍討之，一切聽便宜行事，台、省、院諸司聽選官屬從行，西域、土番皆發兵來會，旌旗千里，出師之盛，前所未有。」

這……可**不是**士誠喵**搞得定的**。

所以一交戰就被打得**節節敗退**，

《新元史・卷二〇九》：

「（1354年）十一月，（脫脫）至高郵，連戰皆捷。又用董摶霄計，分兵克天長、六合，賊勢大蹙。進破高郵外城，士誠震懼……」

而且還被**圍了起來**。

白壽彝《中國通史》：

「（1354）十一月，元軍抵高郵，士誠大敗，退入城中不出。元軍分兵破六合、鹽城、興化等地。高郵被圍，城中不可支……」

真是**打**也不是，**投降**也不是啊……

《國初群雄事略・卷六》：

「（1354年）脫脫總天下兵圍高郵，日事攻擊，矢石雨注，城中幾不支，日議降附，又恐罪在不赦。」

可正當士誠喵發愁時，
上天卻給了他一個**大禮**。

原來在元朝廷裡，
有個**大臣**非常**不爽**脫脫喵。

白壽彝《中國通史》：
「至正四年（1344年）五月，脫脫辭相……（至正）九年（1349年）閏七月，脫脫復相。」「脫脫復相之前，康里人哈麻、雪雪兄弟屢次在帝面前為其美言，脫脫復相後深為感激，升哈麻為中書右丞。不久，哈麻與脫脫發生矛盾，降為宣政院使，於是對脫脫懷恨在心。」

這會兒剛好脫脫喵帶著大軍**出來打仗**，

《元史・卷四十三》：
「（1354年）八月，冀寧路榆次縣桃李花。車駕還自上都。九月……脫脫乙太師、中書右丞相，總制諸王各愛馬、諸省各翼軍馬，董督總兵、領兵大小官將，出征高郵。」

於是他便在皇帝那兒不斷**說**脫脫喵**壞話**。

蔡美彪《中國通史》：

「一三五三年六月，順帝立愛猷識里達臘為太子。奇后母子對脫脫深為忌恨。脫脫出師高郵，奇后、太子與哈麻指使監察御史彈劾脫脫……」

《元史・卷四十三》：

「（1354年）十二月辛卯，絳州北方有紅氣如火蔽天……監察御史袁賽因不花等劾奏：『脫脫出師三月，略無寸功，傾國家之財以為己用，半朝廷之官以為自隨……』」

你要知道脫脫喵可是一國的**丞相**，

《新元史・卷二十五》：

「（1354年）九月庚申，湖廣行省左丞呂思誠為中書右丞。辛酉，知樞密院事月赤（闊）察兒為平章政事。（元順帝）詔脫脫乙太師、中書右丞相……」

手上還有**大批軍隊**。

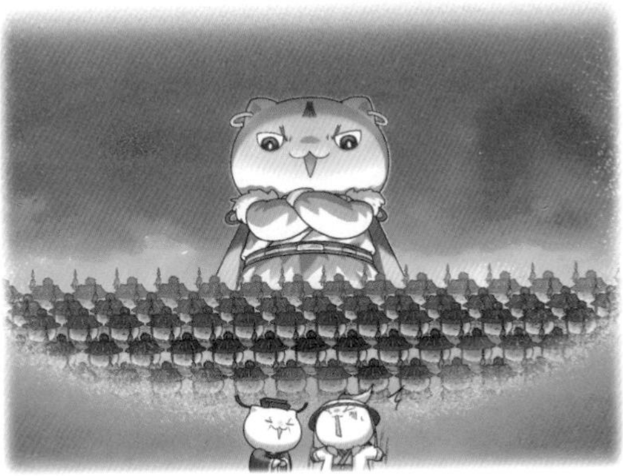

《新元史・卷二十五》：

「……總制諸王、諸行省、各翼軍，討張士誠。」

被大臣這麼**一挑撥**，

皇帝也**害怕**了起來，

白壽彝《中國通史》：

「（1354年）脫脫出師後……哈麻大權在握，即唆使監察御史袁賽因不花奏劾脫脫兄弟，奏章稱：『脫脫出師三月，略無寸功，傾國家之財以為己用……』妥歡貼睦爾（元順帝）輕信讒言，又害怕脫脫成為伯顏第二……」

於是乎，一紙詔令就把脫脫喵**叫**了**回去**……

《新元史．卷二十五》：

「（1354年）十二月丙申，中書平章政事定住為左丞相……丁酉，（元順帝）削太師、右丞相脫脫官爵，安置淮安路……」

這**前線**大軍還在**打著仗**呢，

突然卻發現**上司換了**，

哈?!

《元史・卷一三八》：
「（1354年）十一月，（脫脫）至高郵。辛未至乙酉，連戰皆捷。分遣兵平六合，賊勢大蹙。俄有詔罪其老師費財，以河南行省左丞相太不花、中書平章政事月闊察兒、知樞密院事雪雪代將其兵，削其官爵，安置淮安。」

瞬間**軍心大亂**。

那現在打嗎？
搞啥啊！
老大呢？
聽說換了？
誰說個話啊！

軍事科學院《中國軍事通史》：
「（1354年）十二月，正當高郵城指日可破時……順帝下詔削奪脫脫兵權和官爵……正在奮力攻城的元軍，由於突然陣前易帥，軍心動搖……」

這一亂，士誠喵的**機會**就**來了**。

哈哈哈……輪到我
擺這個姿勢了！

《國初群雄事略・卷六》：
「元貶脫脫《詔》略曰：『答剌罕太師、中書右丞相脫脫……削去兵柄，安置淮安路……』宣讀畢，脫脫匹馬北歸，將士潰亂，元兵不復振矣。」

他立刻**主動**出城**攻打**元軍，

《明史・卷一二三》：
「明年（1354年），元右丞相脫脫總大軍出討，數敗士誠，圍高郵，隳其外城。城且下，順帝信讒，解脫脫兵柄，削官爵，以他將代之。士誠乘間奮擊……」

慌亂的元軍於是被**打得大敗**，

《明史・卷一二三》：
「……元兵潰去，由是復振。」
《國初群雄事略・卷六》：
「脫脫兵攻高郵未下，元主以讒解其兵柄。士誠乘隙出兵奮擊，元兵大敗。」

這就是歷史上的「**高郵之戰**」。

蔡美彪《中國通史》：
「至正十四年（一三五四年）正月，張士誠在高郵建立政權，自稱誠王，國號大周。」「順帝罪脫脫詔在一三五四年十二月下到軍中，全軍大亂……元軍在對周軍作戰獲勝後，由此迅速瓦解……高郵之戰，不僅是張士誠周軍轉敗為勝的關鍵……」

高郵之戰是元末農民戰爭的**轉折點**。

蔡美彪《中國通史》：
「……而且也是各地農民起義的一個重大的轉折。」
周良霄、顧菊英《元史》：
「高郵之戰是元末人民起義戰爭的重大轉捩點，從此迎來了大起義的新高潮。」

元軍主力消耗大半，
使得元朝再**無力**對起義軍發起主動**進攻**，

白壽彝《中國通史》：
「……高郵之役成為元末農民大起義的重要轉捩點。因為百萬元軍是元廷費了好大氣力糾集而成的主力，竟因臨陣易帥，不戰而潰。從此，元軍主力喪失大半，再也沒有力量糾集如此眾多的軍隊來鎮壓起義軍……」

轉而需要**依靠**各地**地主武裝**來鎮壓起義。

白壽彝《中國通史》：
「……而只能主要依靠地主武裝來維持危局，元朝對起義軍的優勢轉而成為劣勢。」

面對這個窘境，

元中央只能**下放**更多行政、軍事**大權**，

軍事科學院《中國軍事通史》：
「高郵會戰後，政府兵力嚴重缺乏，更加倚重於新起的地方武裝（義兵）。」「由於各地豪紳招募的所謂『義兵』在一些地方有效地抗擊了紅巾軍的進攻，元廷很快意識到這些地方武裝的重要性，所以努力加以扶持……授以首要人物地方行政、軍政大權……」

蔡美彪《中國通史》：
「高郵戰後，脫脫拼集的各地各族的官軍潰散，元軍更加虛弱無力。衰敗的元朝不得不改變排漢的政策，鼓勵和倚靠漢人地主武裝去鎮壓起義的農民。」「元順帝廉價授給地主武裝頭目以萬戶、千戶等官銜，顯然旨在鼓勵地主武裝的發展，並且承認其獨立活動的合法地位……」

各地地主豪紳因此獲得了成為

獨立軍事集團的空間。

一方面是浩浩蕩蕩的**起義軍**，

白壽彝《中國通史》：
「高郵戰役是元末農民戰爭的一個轉捩點……農民起義軍則以此為轉折，重新積聚力量，組織隊伍，掀起規模更大的武裝鬥爭高潮。」

一方面是山頭林立的**地方割據**。

蔡美彪《中國通史》：
「脫脫軍潰散之後，一三五五年二月。元朝又在天長縣設立淮東等處宣慰使司都元帥府……逐漸形成農民起義向四處發展，地主武裝在各地林立的新的鬥爭局勢。」

元末的大地上，
將會繼續上演**怎樣**的故事呢？

（且聽下回分解。）

編者按

脫脫是元末的賢相，他雖然沒有專權的想法，但他執掌朝政大權，又和元順帝的太子關係親密，威望極高。當百官討論國事時，最後都是由他一人做主，這實際上已經形成了專權的局面。而順帝自幼生活在權臣的陰影下，自然會對此不滿和警惕。脫脫的政敵還利用順帝的迷信，聲稱「相星犯帝座」，意思是代表丞相的星星侵犯了代表皇帝的星星，這讓順帝更加疑忌，最終下定決心向脫脫動手。然而，脫脫卻一直保持著對順帝的忠誠，當撤職詔書下達軍中時，手握重兵的他本可以違令不受，但他還是選擇服從，只可惜還是沒能換來順帝的信任。不久後，脫脫被迫害而死。元朝中央從此失去了唯一的支柱，也就難逃覆滅的命運。

參考來源：《元史》、《明史》、《新元史》、《國初群雄事略》、韓儒林《元朝史》、白壽彝《中國通史》、蔡美彪《中國通史》、周良霄和顧菊英《元史》、軍事科學院《中國軍事通史》、李光璧《中國農民起義論集》、邱樹森《元朝史話》及《妥懽貼睦爾傳》、[美] 牟復禮和 [英] 崔瑞德《劍橋中國明代史》

附錄

【弟弟拖累】

脫脫的弟弟也先帖木兒很無能，
他曾率重兵鎮壓起義，
卻慘敗而歸。
而這也成為了
脫脫被奸臣攻擊的原因之一。

【「三史」主編】

脫脫任丞相時，
安排大批學者修撰
宋、遼、金三朝的歷史，
編成了《宋史》《遼史》《金史》三本史書。

【招降失敗】

張士誠起義後，
元朝曾多次派官員招降，
但張士誠都不領情，
還將這些官員殺了，
元朝這才決定出兵收拾他。

拉麵小劇場

《吃火鍋 1》

《吃火鍋 2》

拉麵

雙子座

生日：6月1日

身高：180公分

喜歡的電影類型：喜劇主題

假期的計畫：參加美食節

（拉麵擬人介紹）

拉麵的像素世界
lamian's pixel world

第一百四十四回 ◉ 察罕伐宋

經過高郵之戰，

元末農民起義掀起了**新的高潮**。

周良霄、顧菊英《元史》：

「高郵之戰是元末人民起義戰爭的重大轉捩點，從此迎來了大起義的新高潮。」

北方起義軍**建立**起了自己的**政權**，

白壽彝《中國通史》：

「劉福通，潁州（今安徽阜陽）人。元末北方紅巾軍領導人。」

《新元史·卷二二五》：

「（至正）十五年（1355年）二月，福通等自碭山夾河迎林兒至，僭號稱皇帝，又號為小明王，都亳州，國號宋，以林兒自謂趙氏裔也。建元龍鳳。」

這就是「**韓宋**」政權。

柏楊《中國歷史年表》：

「（1355年）劉福通迎立韓林兒為帝，建都（安徽）亳州，國號宋，史稱韓宋。」

在北伐元朝的戰爭中，
韓宋政權取得了**優異**的**戰果**。

白壽彝《中國通史》：
「宋政權建立後，元軍把進攻矛頭又集中到中原來。這年（1355）六月，河南行省平章答失八都魯率原屬太不花的諸王藩將兵馬，進攻許州長葛，為劉福通擊敗……劉福通命其將趙明達取嵩、汝、洛陽，北渡孟津至懷慶路（今河南沁陽），河之北大為震動。」

於此基礎上，
韓宋政權發動了著名的**三路北伐**。

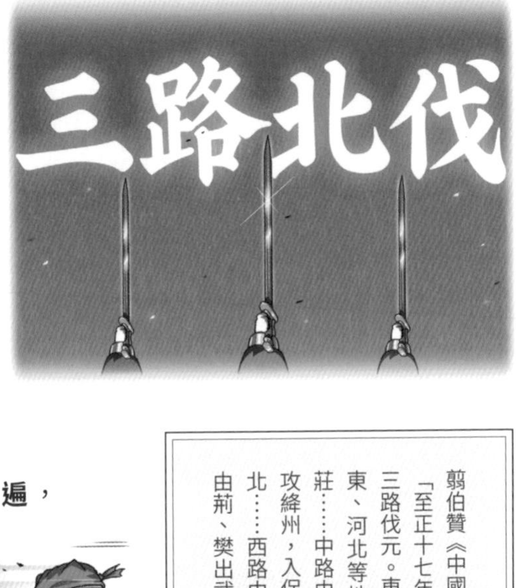

《新元史・卷二二五》：
「（1357年）三月，福通將毛貴陷膠州，又陷萊州。四月，遂陷般陽、益都及濱、莒二州。六月，福通知官軍在河南，河北空虛，乃分兵三道：關先生、破頭潘、沙劉二、馮長舅、王士誠出晉冀，白不信、大刀敖、李喜喜趨關陝，毛貴略山東。」

三路大軍浩浩蕩蕩
基本將元朝**北部打了個遍**，

翦伯贊《中國史綱要》：
「至正十七年（1357年），劉福通分兵三路伐元。東路由毛貴率領，掃蕩了山東、河北等地的元軍，直抵柳林、棗莊……中路由關先生、破頭潘等率領，攻絳州，入保定路，折經大同，直趨塞北……西路由李喜喜、白不信等率領，由荊、樊出武關，進攻長安。」

甚至**直逼**元朝的**都城**，

《元史·卷一八八》：
「（至正）十七年（1357年），山東毛貴率其賊眾，由河間趨直沽，遂犯漷州，至棗林。已而略柳林，逼畿甸，樞密副使達國珍戰死，京師人心大駭。在廷之臣，或勸乘輿北巡以避之，或勸遷都關陝，眾議紛然……」

可以說**士氣高昂**。

白壽彝《中國通史》：
「劉福通派遣軍隊分路出擊，到至正十七年（1357）夏，形成三路北伐的壯觀局面，而劉福通自率大軍攻克汴梁，北方紅巾軍進入鼎盛時期。」

而**元朝**這邊呢，

軍官**腐敗**墮落，只知享樂，

《草木子・卷三上》：
「元朝自平南宋之後，太平日久，民不知兵。將家之子，累世承襲，驕奢淫佚，自奉而已。至於武事，略不之講，但以飛觴為飛炮，酒令為軍令，肉陣為軍陣，謳歌為凱歌，兵政於是不修也久矣。」

士兵則**備受剋扣**，虛得不行……

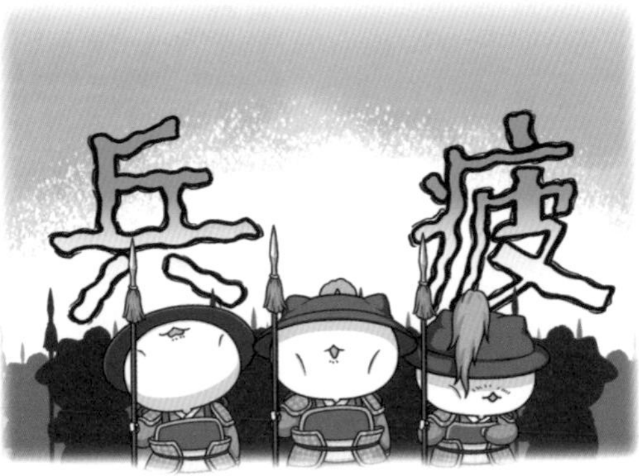

軍事科學院《中國軍事通史》：
「全國統一之後，元廷仍保持著一支龐大的軍隊，但很快在各軍中都滋長出腐敗之風，並且越來越嚴重。」「軍隊長期屯戍守邊，供給不支，造成士兵貧乏，戰鬥力急劇下降。雖然政府不斷救濟、供給軍隊各類物資，但大多被各級軍官剋扣……」

再加上高郵之戰後，
元軍**精銳**已經幾乎**打光**，

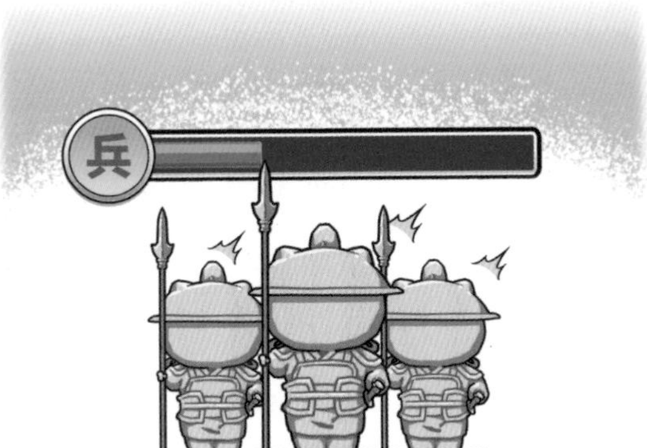

邱樹森《妥懽貼睦爾傳》：
「元末兵興以來，暴露了元朝軍隊缺乏良將，指揮失策，軍紀敗壞等問題……高郵之役，臨陣易帥，也是兵法之大忌，元廷精銳從此毀於一旦。」

這……能打贏才**有鬼**……

《元史・卷一四一》：「至正十一年（1351年），盜（起義軍）發汝、潁，焚城邑，殺長吏，所過殘破，不數月，江淮諸郡皆陷。朝廷徵兵致討，卒無成功。」

所以元朝這會兒可以說
已經到了**火燒眉毛**的程度了。

蔡美彪《中國通史》：「高郵戰後，脫脫拼集的各地各族的官軍潰散，元軍更加虛弱無力。」

在這樣的窘境下，
元中央只能將權力下放，
號召各地豪紳**自建武裝**鎮壓起義軍。

軍事科學院《中國軍事通史》：「在與劉福通軍作戰失利後，元廷就著手號召各地富豪招募『義兵』（地主武裝），與農民軍對抗。徐州、高郵會戰後，政府兵力嚴重缺乏，更加倚重於新起的地方武裝……」「元廷很快意識到這些地方武裝的重要性，所以努力加以扶持……授以首要人物地方行政、軍政大權……」

這就是所謂的「**義兵**」。

蔡美彪《中國通史》：

「各地地主武裝出現後，稱為『義兵』……脫脫軍潰散之後，一三五五年二月。元朝又在天長縣設立淮東等處宣慰使司都元帥府，統領濠、泗義兵萬戶府及洪澤等處義兵……鼓勵地主武裝的發展……」

義兵的出現的確**緩解**了元朝的**壓力**，

周良霄、顧菊英《元史》：

「所謂『義兵』，即地方的地主武裝的通稱……地主武裝在鎮壓農民軍時表現出有很強的戰鬥力，如羅明遠收復吉安，戴良收復建昌，范忠與僧李智收復中興……」

但因為權力的下放，
這些地方武裝也在不斷擴大自己的同時，
逐漸**脫離**了中央的**控制**。

邱樹森《妥懽貼睦爾傳》：

「至正十五年（1355年）之後，握有重兵的各路軍閥逐漸形成……根本不聽朝廷調度。」

而這使一個**喵**因此得到了**崛起**的**機會**，

張岂之《中國歷史·元明清卷》：
「元末大動亂中，以結寨自保的地主武裝『義兵』為核心，在北方形成了幾支新的軍閥集團。」

他就是**察罕帖木兒喵**。

張岂之《中國歷史·元明清卷》：
「其代表人物有察罕帖木兒、孛羅帖木兒、李思齊、張良弼等，前兩人勢力尤強。」

察罕喵**祖上**是**當兵**的，

《元史·卷一四一》：
「察罕帖木兒，字廷瑞，系出北庭。曾祖闊闊台，元初隨大軍收河南。」
白壽彝《中國通史》：
「（察罕帖木兒）字廷瑞。漢姓李，又稱李察罕。祖籍北庭……曾祖闊闊台，元初隨軍取河南，以探馬赤軍戶留居。」

他**身材高大**，

《新元史・卷二二〇》：「（察罕帖木兒）身長七尺……慨然有當世之志。」

熱愛讀書，

希望通過科舉考個「**公務員**」。

《新元史・卷二二〇》：「察罕帖木兒幼篤學，應進士舉……」

不過……**沒考上**……

落榜

張豈之《中國歷史·元明清卷》：
「察罕帖木兒是入居河南的乃蠻人，取漢姓李，曾應科舉未中。」

恰好後來農民**起義爆發**了，

反啦！

白壽彝《中國通史》：
「至正十一年（1351）五月，北方紅巾軍發動起義，占領潁州（今安徽阜陽）、亳州（今屬安徽）、汝寧（今屬河南）、羅山（今屬河南）等地。不數月，江淮諸郡皆被紅巾軍占領。元廷派軍鎮壓，多大敗而歸。」

元朝政府**號召**地方**鎮壓**起義。

各位愛國者，現在是國家需要你們的時刻！為了我們美好的生活，一起來鎮壓反賊！
啊！

白壽彝《中國通史》：
「面對紅巾軍起義的浪潮，元朝廷加緊了對漢人、南人的防範……同時，元廷又用賣官、募捐等辦法來求助於富豪鉅賈，組織和支援地主武裝——義兵。」

於是察罕喵便借機建立武裝，

成為了**地主武裝**的**一員**。

小的們，我們登場的時刻到了！
好好表現！

蔡美彪《中國通史》：「一三五二年，察罕帖木兒在沈丘組織地主子弟數百人，與羅山地主李思齊的武裝聯合……」

在戰鬥的過程中，

察罕喵**軍紀嚴明**，

第二小隊隨我出動！
你去那裡守著！

《明太祖集．卷十八》：「當中原擾攘，元政不綱，大臣竊命，守將擅兵於外，是致干戈鼎沸，國勢日危，人將以為元無人矣。何將軍（察罕帖木兒）之忠義，倡農夫為三軍，拔智勇以上聞，頒爵以官之，明其分數。義旗舉而兵興，齊魯強兵僅能固守。爾能陳兵於野，請命於朝，進退有方，君命是聽。」

作戰勇猛，

殺
殺

白壽彝《中國通史》：「察罕帖木兒出身探馬赤軍戶，元末農民起義爆發後，作為色目地主階級的一員，深感切身利益受到威脅，因而糾集武裝，組織義兵……治軍有方，作戰勇敢……」

很快就取得了**不俗**的**戰績**。

白壽彝《中國通史》：
「（至正）十二年（1352年），察罕帖木兒率先組織地主武裝，糾集當地數百人，號稱義兵。並與羅山縣典吏李思齊組織之地主義兵相合，設計襲破羅山。」

他的出現簡直讓元中央**樂壞了**，

白壽彝《中國通史》：
「時元廷官軍破敵無方，忽有地主武裝收復城池，因而大加讚賞……」

馬上對他**加官晉爵**，
使其可以繼續**鎮壓**農民起義軍。

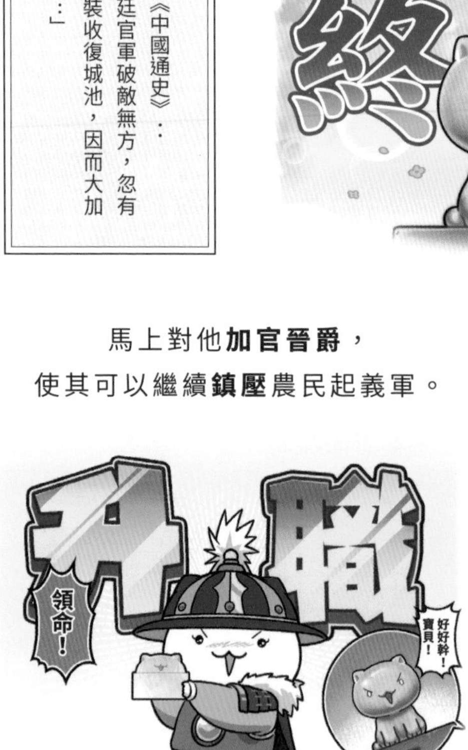

《元史・卷一四一》：
「（至正）十二年（1352年），察罕帖木兒乃奮義起兵……設奇計襲破羅山。事聞，朝廷授察罕帖木兒中順大夫、汝寧府達魯花赤。」「（至正）十五年（1355年），賊勢滋蔓，由汴以南陷鄧、許、嵩、洛……察罕帖木兒進戰，大敗之，餘黨柵河洲，殲之無遺類，河北遂定。朝廷奇其功，除中書刑部侍郎，階中議大夫。」

而韓宋政權這邊，

雖然**戰績不錯**，

傅樂成《中國通史》：

「（至正）十五年（1355），福通迎立韓林兒為帝，又號小明王，國號宋……各地起兵者，大都奉之為主。這時反元的勢力極盛，黃河南北以及陝西、寧夏、四川等地，莫不被其兵鋒，甚至一度攻陷上都。」

內蒙古社科院歷史所《蒙古族通史》：

「從至正十六年（1356年）起，劉福通分兵出擊，三路北伐……紅巾軍以雷霆萬鈞之勢，攻下了不少州縣，勢力幾乎遍及北中國。」

但打仗似乎**全靠「衝」**，

不僅**沒什麼**精密的**布置**，

南炳文、湯綱《明史》：

「劉福通派出三路北伐大軍，事先既沒有縝密的計畫……」

各軍之間也**各打各的**。

哈!!
哈!!
呀!!
呀!!
啊!!

南炳文、湯綱《明史》：
「……出師以後又互不配合，各管各的……」
朱紹侯《中國古代史》：
「紅巾軍成員主要是農民，他們普遍有著散漫性和各自為政、眼光短淺的缺陷。他們不能很好配合……削弱了戰鬥力。」

軍隊始終是打一仗就走，
沒有鞏固根據地。

朱紹侯《中國古代史》：
「戰術上，不注意建立鞏固的後方和堅守陣地……」

好，收拾一下，去衝下一個地方！

經常**前面**打贏了，
後方就**被攻擊**了。

報——後方丟了！

翦伯贊《中國史綱要》：
「北伐的三路大軍在事前並無精密的布置，軍令既不統一，彼此間也缺乏聯繫。關先生、破頭潘和李喜喜的軍隊始終在各地流動作戰，沒有鞏固的根據地，前方勝利，後方又遭到敵人的攻擊。」

軍隊內部的**將領們**也是**各種矛盾**，

南炳文、湯綱《明史》：「至正十七年（1357年）六月，劉福通自率大軍進攻汴梁（河南開封），並分軍三路北伐……東路由毛貴向北進攻，直指大都。」「毛貴在山東比其他幾支紅巾軍的情況要好些……但卻發生了內訌，互相仇殺……」

而這些問題便成了察罕喵對他們**逐一擊破**的條件。

南炳文、湯綱《明史》：「……給了敵人以可乘之機……主要是受察罕帖木兒這一地主武裝集團的襲擊……」

面對紅巾軍的流動作戰，

他不斷使用**分兵堵截**重要通道，

《元史·卷一四一》：「（至正）十八年（1358年），山東賊分道犯京畿……察罕帖木兒即留兵戍清湫、義轂，屯潼關，塞南山口，以備他盜。」白壽彝《中國通史》：「（至正）十八年（1358）二月，山東紅巾軍首領毛貴開始揮師北伐，進逼京師……察罕帖木兒分兵屯澤州（今晉城），塞硫子城（今晉城南）……杜塞太行山通道。」

然後親自帶**精兵追擊**等戰術。

《元史・卷一四一》：

「是年（1358年），安豐賊劉福通等陷汴梁，造宮闕，易正朔，號召群盜。巴蜀、荊楚、江淮、齊魯、遼海，西至甘肅，所在兵起，勢相聯結。察罕帖木兒乃北塞太行……而自將精騎發新安……」

在他的圍追進攻下，

韓宋政權的三路大軍被搞得**狼狽不堪**。

西路軍**栽**了**大跟頭**，

蔡美彪《中國通史》：

「大宋農民軍的西路軍，由白不信、大刀敖、李喜喜等率領……」

《新元史・卷二二五》：

「（至正）十八年（1358年）正月，田豐陷東平路……白不信等復自興元陷秦隴，李喜喜陷鞏昌。白不信進圍鳳翔，察罕帖木兒來援，城兵亦開門接戰，大敗之，白不信遁。」

中路軍**孤立無援**，

蔡美彪《中國通史》：

「中路軍由原盛文郁部下的關鐸（號關先生）、潘誠（號破頭潘）、馮長舅、沙劉二、王士誠等率領，進攻懷慶，深入山西、河北……」「（1358年）關鐸部與察罕帖木兒的元軍在晉南南山相遇，關鐸部中伏兵敗退……北上大同，遠至塞外興和諸郡，成為遠離主力的孤軍。」

東路軍統帥直接因為**內鬥「掛了」**。

《新元史・卷二二五》：

「（1359年）四月，趙君（均）用與毛貴同在濟南，置酒伏壯士殺貴。」

蔡美彪《中國通史》：

「一三五九年初，張士誠部向占據淮南的趙均用部進攻，趙均用北走山東，投毛貴率領的東路宋軍。趙均用與毛貴不合，四月，竟乘機將毛貴殺死。大將毛貴被殺，大宋農民軍遭受了嚴重的損失。」

一頓對決下來，

韓宋政權反而被打得**七零八落**。

朱紹侯《中國古代史》：

「至正十七年（1357年）夏，劉福通做出三路北伐的重大決策……」「三路北伐沒有達到預期的目標，先後遭到失敗，宋政權很快由鼎盛轉向危機。」

終於在公元1359年，

韓宋**都城**被**攻破**，

朱紹侯《中國古代史》：

「在北伐各路紅巾軍失利的同時，宋都汴梁也受到元軍的圍攻。1359年八月，察罕帖木兒攻下汴梁……」

《元史·卷一四一》：

「（至正）十九年（1359年），察罕帖木兒圖復汴梁……察罕帖木兒自將鐵騎屯杏花營，諸將環城而壘。賊屢出戰，戰輒敗……將士鼓勇登城，斬關而入，遂拔之。」

政權領導者**逃向他處**，

《元史·卷一四一》：

「劉福通奉其偽主從數百騎出東門遁走。」

韓宋政權從此**名存實亡**。

白壽彝《中國通史》：

「（1359年）八月，元軍破汴梁，劉福通奉韓林兒突圍奔安豐，元軍俘獲韓林兒妻及紅巾軍家屬數萬，紅巾軍各級官員五千……實際上宋政權已名存實亡。」

紅巾軍的潰敗

雖然**解除**了元朝北部的**危機**，

傳樂成《中國通史》：「當劉福通等人初起時，元丞相脫脫親自率兵征討，連戰皆捷。既而順帝信納讒言，流脫脫於雲南，國事乃益不可為。賴有潁州沈丘（今河南沈丘縣東南）人察罕帖木兒起兵扶元，轉戰黃河南北，所向克捷……北方稍得寧靜。」

但同時也**催生**了

包括察罕喵在內的一系列**大軍閥**。

邱樹森《元朝史話》：「元末農民起義爆發後，元朝政府軍在起義軍的打擊下已經土崩瓦解，但是依靠地主武裝起家的察罕帖木兒、答失八都魯、李思齊、張良弼等逐漸崛起，形成了新的軍閥集團。」

而當最嚴重的威脅消滅後，

各軍閥之間的**矛盾**也隨之**爆發**了。

白壽彝《中國通史》：「元軍奪取汴梁後，起義軍失去河南，察罕帖木兒勢力大振，朝廷以功拜河南行省平章政事，兼知河南行樞密院事、陝西行台御史中丞……元軍在戰場上取得暫時勝利，各軍閥之間的矛盾也隨之萌生。」

他們為了爭奪勢力範圍而**互相攻伐**，

白壽彝《中國通史》：

「（至正）二十二年（1362）六月，察罕帖木兒在山東被刺後，擴廓帖木兒總其兵。」

蔡美彪《中國通史》：

「在鎮壓了劉福通統率北伐的宋軍後，孛羅帖木兒、擴廓帖木兒以及擁兵陝西的李思齊、張良弼等地主武裝之間，彼此爭奪，自相傾軋。」

全然**無心鎮壓**南方

仍存在的大批**起義軍**。

白壽彝《中國通史》：

「擴廓帖木兒少年即隨其養父察罕帖木兒征戰，父死，以青年總領其父軍、剿滅山東紅巾軍。此後即成為軍閥互鬥的主角，且捲入元宮廷內部紛爭，耗時達五六年之久……」「擴廓帖木兒為集中力量對付孛羅帖木兒，採取縱橫捭闔手段，與據有江淮、勢力不斷壯大的宋江南行省左丞相……主動修好。」

可以說，元朝北方剛剛穩定的局面

又被**軍閥混戰**所取代。

溫海清《元史》：

「至正二十年（1360）前後，朝廷內部出現了皇帝與皇太子之間的鬥爭……一派以孛羅帖木兒為主導，他與順帝關係密切；另一派是以察罕帖木兒以及其子王保保（擴廓帖木兒）為主導……兩派間互相攻伐，局面顯得異常混亂……」

而這就給了一個**喵**發展的空間，

白壽彝《中國通史》：

「北方軍閥混戰之際，正是……

削平群雄、統一南方之時。」

他是**誰**呢？

（且聽下回分解。）

編者按

察罕帖木兒是元末農民起義爆發以來支撐元皇朝統治的柱石，但察罕與元中央的關係並不是十分緊密。一方面，察罕是色目人出身，而不是蒙古人，使元中央心存忌憚，當察罕與蒙古軍閥產生矛盾時，元中央往往偏向後者。另一方面，察罕勢力壯大後也不將中央放在眼裡，他不僅能號令眾多軍閥，甚至隨意殺害中央官吏，完全不受中央控制。時人常將察罕比作東漢末年的曹操，認為他們都是在亂世中崛起，成為了首屈一指的大軍閥。然而，察罕的創業故事卻沒有曹操那麼長久，他在平定北方紅巾軍後不久就遇刺身亡。在他死後，由於他的繼承者威望不足，旗下的軍閥紛紛脫離，有的還出現內鬥，直接加速了元朝的滅亡。

察罕帖木兒——饅頭（飾）

參考來源：《元史》、《新元史》、《草木子》、《明太祖集》、傅樂成《中國通史》、白壽彝《中國通史》、蔡美彪《中國通史》、翦伯贊《中國史綱要》、周良霄和顧菊英《元史》、溫海清《元史》、南炳文和湯綱《明史》、邱樹森《妥懽貼睦爾傳》及《元朝史話》、軍事科學院《中國軍事通史》、柏楊《中國歷史年表》、張豈之《中國歷史・元明清卷》、朱紹侯《中國古代史》、內蒙古社科院歷史所《蒙古族通史》

附錄

【不聽皇令】

元朝皇帝曾試圖讓察罕帖木兒
和其他軍閥和平相處，
但是他們都不聽皇帝的命令，
還是打個不停。

【預言成真】

察罕帖木兒最後死於山東。
在他死前，
元朝皇帝曾通過占卜預測
山東會死一員大將，
結果不久後死訊就傳來了。

【全員肯定】

察罕帖木兒在元朝的地位很高。
他死後，不僅皇帝和百姓都很傷心，
連平時跟他作對的軍閥
也忍不住哭了。

百群喵檔案

饅頭小劇場

《隨便吃一點》

饅頭，好巧啊，要過來吃串燒嗎？
嘗一串吧，不花時間的。
但是……我有點趕時間……
好吧，那淺嘗一點吧！
確實不錯！
可惜時間緊，不能多吃……

《我來結帳》

一不小心就吃了這麼多……
這樣吧，這頓我來付好了……
饅頭這麼客氣幹嘛，不用啦！
真的不用，烏龍快來阻止她！
啊！
一動不動……根本攔不住……
天哪，力氣怎麼這麼大啊！

饅頭
天蠍座
生日：10月31日
身高：168公分
喜歡的電影類型：愛情主題
假期的計畫：逛街
(饅頭擬人介紹)

饅頭的像素世界
mantou's pixel world

第一百四十五回 ◉ 崛起布衣

元朝末年，

政治**黑暗**，百姓**困苦**，

南炳文、湯綱《明史》：

「元朝末期，政治腐敗，貪污賄賂之風盛行。」「人禍、天災，造成了元末的經濟殘破，民不聊生，但元朝統治者卻仍然醉生夢死地過著驕奢淫逸的生活……」

最終以白蓮教為主的**紅巾軍起義**

吹響了**倒元**的號角。

張豈之《中國歷史・元明清卷》：

「（1351年）劉福通倉促起兵，攻占潁州（今安徽阜陽）。起事者頭裹紅巾，故稱紅巾軍（或稱紅軍）；很多人是白蓮教徒……直接提出了推翻元朝統治的政治目標。」

全國各地的底層百姓陸續**揭竿而起**，

翦伯贊《中國史綱要》：
「紅巾軍的基本群眾都是貧苦的農民……濠州地區，『民棄農業執刃器趨凶者萬餘人』。農民起兵抗元的根本原因是由於元末社會的貧富不均，但也由於蒙古統治者的民族壓迫所造成。」

賣布的、賣鹽的、打魚的，
都拉扯起隊伍攻打元朝。

翦伯贊《中國史綱要》：
「（1351年）八月，徐壽輝、彭瑩玉攻下蘄州……布販徐壽輝為首……」「張士誠以操舟運鹽為業，因賣鹽於富家，『富家不給值』，（1353年）遂率眾起兵。」
白壽彝《中國通史》：
「至正十五年（1355）正月，倪文俊攻克沔陽。文俊，號蠻子，黃州黃陂漁家子。他是蘄州起義最早的成員之一……」

而這之中還有一個**乞丐出身**的，

他就是**朱元璋喵**。

《明史・卷一》：
「元璋，字國瑞，姓朱氏。先世家沛，徙句容，再徙泗州。」

元璋喵是**貧農家**的孩子，

白壽彝《中國通史》：
「朱元璋（1328—1398）幼稱重八，初名興宗，字國瑞，出生於一個貧苦農民的家庭。祖籍為金陵句容（今屬南京市）朱家巷，祖上數代都是莊稼漢……」

因為在家裡排行**老八**，
所以**原名**也叫**朱重八**。

商傳《明太祖朱元璋》：
「中國有個傳統習慣，叫大排行，就是叔伯兄弟一起排序。朱元璋大伯也有四個兒子，老大是最先出生的，就叫重一……直到朱元璋，排行第八，就叫朱重八。」

元璋喵17歲的時候，
全家就幾乎**死絕**了，

《明史·卷一》：
「至正四年（1344年），旱蝗，大飢疫。太祖（朱元璋）時年十七，父母兄相繼歿……」

所以他只能**出家**去寺廟當和尚**混口飯**吃。

《明史·卷一》：
「……不克葬。里人劉繼祖與之地，乃克葬，即鳳陽陵也。太祖（朱元璋）孤無所依，乃入皇覺寺為僧。」

可戰亂時期，
寺廟也是窮得**揭不開鍋**呀，

婁曾泉、顏章炮《明朝史話》：
「朱元璋進了皇覺寺，當一個小行童……寺裡的土地雖多，無奈農民顆粒無收，實在交不出地租。寺裡的和尚眾多，老坐在寺裡吃飯也不是長久之計……」

於是元璋喵還是得出去**流浪乞討**。

婁曾泉、顏章炮《明朝史話》：
「因此，住持就打發僧眾四出雲遊，化緣度日。就這樣，朱元璋進寺才五十天就又得拜別師父，雲遊化緣去了……其實就是要飯。」

在流浪的這段時間裡，
他**走遍**了大山大河，

《皇明本紀》：
「（朱元璋）入寺方五十日，寺主以歲飢，罷飲食……乃西遊廬、六、光、固、汝、潁諸州，如此三載……」
白壽彝《中國通史》：
「他（朱元璋）一路乞討，一路流浪，在外漂泊了整整三年，直到至正七年(1347)底，鄉訊平安，才回到寺裡。在這三年中，他的足跡踏遍了淮西、豫北的名山大川、通都大邑……」

同時也**看盡**了**冷暖**，
嘗遍了**酸苦**。

白壽彝《中國通史》：
「朱元璋是濠州鐘離太平鄉孤莊村人……他的父、母、長兄相繼病故，他掩埋了他們的屍體後，入寺為僧，後來游方化緣，飽受社會黑暗之苦，深知人世艱辛。」

可以說這段經歷不僅**開闊**了他的**眼界**，

南炳文、湯綱《明史》：
「至正四年（1344年），朱元璋十七歲……到皇覺寺當了和尚，住了五十多天……到外地化緣游食……周遊了皖西豫東的八九個郡縣，熟識了這一地區的地形。由於生活在社會最底層，瞭解到社會的弊病，豐富了社會知識……擴大了眼界，沖刷了保守狹隘等農民所固有的習性。」

也造就了他**勇敢堅毅**的性格。

南炳文、湯綱《明史》：
「……艱苦的流浪生活，鍛鍊了他（朱元璋）勇敢堅強的性格……」

公元1351年，
紅巾軍**起義爆發**，

白壽彝《中國通史》：
「至正十一年（1351）五月，白蓮教首領韓山童、劉福通在潁州（今安徽阜陽）首舉義旗，八月彭瑩玉、徐壽輝在蘄水（今湖北浠水）起義，攻下蘄水。起義很快傳遍全國各地。他們以紅巾包頭，故稱為『紅巾軍』。」

無數喵民都**參與**到這場鬥爭中去。

《國初群雄事略．卷一》：
「（1351年）五月，潁州紅軍起……已而河、淮、襄、陝之民，翕然從之。故荊、漢、許、汝、山東、豐、沛以及兩淮紅軍皆起應之。」

王天有《明朝十六帝》：
「至正十一年（1351年），爆發了震撼全國的紅巾軍起義……第二年（1352年）二月二十七日，濠州也出現了一支幾千人的起義軍……朱元璋收到小時的窮伙伴湯和從濠州城悄悄捎來的一封信，信裡講天下大亂，在鄉間也不能自保。」

面對這樣的大變局，
元璋喵也來到了**命運**的**十字路口**，

但上天似乎**沒打算**給他選擇的機會。

一方面他出家的**寺廟被燒**了，

拜拜！
啊?!

蔡美彪《中國通史》：
「濠州鐘離縣農家子朱元璋，幼失父母，入皇覺寺為僧。郭子興起兵，皇覺寺被元軍焚掠。」

另一方面是，
在起義軍的兄弟給他**寫信**又**被**別的喵**發現**了。

哦！我看到了你跟起義軍有來往！
啊?!

《皇明本紀》：
「（1352年）一日，亂兵過寺，寺焚僧散……未旬日，（朱元璋）友人以書自亂雄中來，略言從雄大意，覽畢，即焚之。又不旬日，有人來告，傍有知書來者，意在覺其事……」

沒辦法……元璋喵只能**投軍**了。

投就投

婁曾泉、顏章炮《明朝史話》：
「在郭子興部隊裡當軍官的湯和給他（朱元璋）捎來了一封信，邀他前去投軍……來信的事被人知道了，人家揚言要向官軍告發。這一下可容不得他多考慮了……他決心投奔紅巾軍……」
《明史紀事本末．卷一》：
「（1352年）定遠人郭子興據濠州……（朱元璋）以閏三月朔入濠州……子興奇其狀貌，與語，大悅之，取為親兵。」

到了軍中的他**打仗勇猛**，

吳晗《朱元璋傳》：
「（1352年）元璋入了伍，參見了隊長，逐日跟弟兄們上操，練習武藝。」「元璋作（做）事小心勤謹，又敢作敢為。得了命令，執行很快，辦理得好。打仗時身先士卒……」

因為小時候讀過幾個月書，
還**懂點文化**。

婁曾泉、顏章炮《明朝史話》：
「朱元璋小時候進了幾個月私塾，後因家裡窮，念不起書，只好出來給地主放牛牧羊。」
吳晗《朱元璋傳》：
「（朱元璋）認得一些字，隊伍上一有文墨的事情，元帥的命令，杜遵道、劉福通的文告，以至戰友們的家信，伙伴們都找他解說。」

這樣的士兵簡直把該區域的
紅巾軍首領給**樂壞了**。

軍事科學院《中國軍事通史》：
「至正十二年（1352年）三月，朱元璋投濠州郭子興起義軍，充任九夫長，因辦事機靈多謀、作戰勇敢，受到郭子興的賞識……」

於是不僅狠狠地**提拔他**，

還把自己的**養女嫁給他**。

《明史·卷一》：

「（至正）十二年（1352年）春二月，定遠人郭子興與其黨孫德崖等起兵濠州……太祖（朱元璋）時年二十四，謀避兵……遂以閏三月甲戌朔入濠見子興。子興奇其狀貌，留為親兵。戰輒勝，遂妻以所撫馬公女……」

白壽彝《中國通史》：

「他（朱元璋）作戰勇敢，足智多謀，被郭子興視為親信。」

地位一下得到了**飛躍**，

白壽彝《中國通史》：

「朱元璋入伍後，因為他打仗機智勇敢，又粗通文墨，很快得到郭子興的賞識，於是郭子興把他由一名普通士卒提升為親兵九夫長，並把養女馬氏許配給他為妻。朱元璋成了元帥郭子興的女婿，頓時身價百倍……」

不過論地位的話，

元璋喵這個養女婿只能排**第四**。

在他**上面還有**

老大、老大的兒子和小舅子。

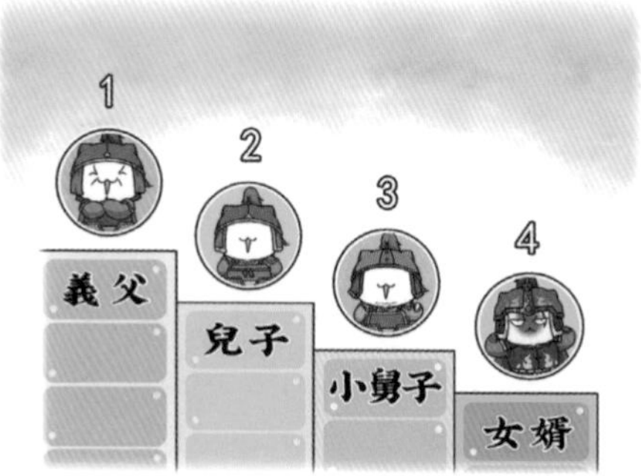

《明史・卷一二二》：

「子興三子。長子前戰死，次天敘、天爵。子興死，韓林兒檄天敘為都元帥，張天祐及太祖（朱元璋）副之。天祐，子興婦弟也。」

吳晗《朱元璋傳》：

「和州都元帥府三個元帥，依軍中階級說，郭天敘是主帥，張天祐和朱元璋是副職……（朱元璋）坐的是第三把交椅……」

然而湊巧的是，

沒多久**老大**就**病死**了。

《國初群雄事略・卷二》：

「（1355年）王（郭子興）命皇上（朱元璋）守和陽，既而信流言，親至和陽視師。值王仇人亦在其中，聞王至，移軍異處。皇上禮送行者，俄為所厄。王聞驚懼得疾，尋卒。」

老大的兒子和小舅子也在戰事中**被叛徒害死**，

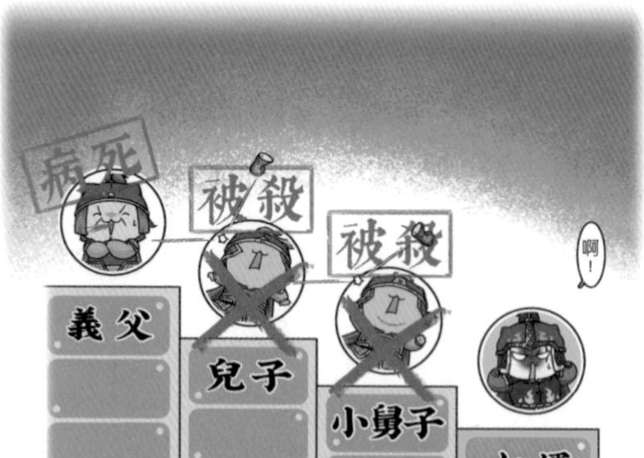

《明史・卷一二二》：

「（1355年）太祖（朱元璋）渡江，天敘、天祐引兵攻集慶，陳野先叛，俱被殺。」

元璋喵這才順位上去**繼承**了這支紅巾軍**隊伍**。

《明史·卷一》：「（1355年）秋九月，郭天敘、張天祐攻集慶，野先叛，二人皆戰死，於是子興部將盡歸太祖（朱元璋）矣。」

在當時的局勢下，元璋喵周圍已經有**好幾個規模不小**的起義軍**勢力**。

傅樂成《中國通史》：「南方的起兵者，也有多起。長江下游及浙江地區以張士誠、方國珍勢力較大……長江中部的起兵者有徐壽輝……長江上游，則有明玉珍……」

白壽彝《中國通史》：「他（朱元璋）所處的地理位置在東南地區來說，是四面受敵的形勢。當時北有劉福通，東有張士誠，西有徐壽輝……」

他們有的**互為死敵**，刀兵相見，

《國初群雄事略·卷九》：「（1357年）偽周張士誠據姑蘇、常、湖等郡，元患之，且欲藉（借）國珍收士誠，因授江浙行省參知政事，兄弟轉官有差。令其將兵討士誠，國珍遂率兄弟諸侄以舟師五萬，進擊昆山州，七戰七捷。」

有的**爭權奪位**，你死我活。

《國初群雄事略．卷三》：
「（1357年）九月，倪文俊謀殺其主徐壽輝不果，自漢陽奔黃州，壽輝偽將陳友諒襲殺之……」

元璋喵所隸屬的**韓宋**政權甚至乾脆**北上**打元朝去了，

柏楊《中國歷史年表》：
「（1355年）劉福通迎立韓林兒為帝，建都（安徽）亳州，國號宋，史稱韓宋。」
翦伯贊《中國史綱要》：
「至正十五年（1355年），朱元璋進兵和陽……韓林兒在亳稱帝，他接受了韓林兒的官職、封號……」「至正十七年（1357年），劉福通分兵三路伐元。」

反正打得都挺**激烈**的。

南炳文、湯綱《明史》：
「張士誠也於這年（1356年）二月攻下了平江（今江蘇蘇州），建為國都；徐壽輝的蘄黃紅巾軍也東山再起，遷都於漢陽。而劉福通、韓林兒龍鳳政權所派遣的西征軍，也於這年的九月攻下了軍事重鎮潼關。」

而我們的**元璋喵**呢，

他**不為所動**，

季士家《朱元璋》：
「紅巾軍主力在中原腹地的浴血奮戰，吸引元朝的軍力，使之無暇南顧。朱元璋便得到了這一良機……建設並鞏固自己的根據地。」

在率領軍隊打下了一塊地方後，
他就**悶頭發展**。

白壽彝《中國通史》：
「至正十六年（1356）仲春，朱元璋親督水陸諸將，進取集慶（今南京市）……改集慶路為應天府……」
軍事科學院《中國軍事通史》：
「朱元璋起義軍的領導者們在占領金陵（應天）之後，並未鬆懈麻痺，而是著手建設和擴大以金陵為中心的根據地，以求鞏固和發展。」

例如**掃蕩**自己**後方**的元軍，
鞏固地盤的安全；

《明史・卷一》：
「當是時（1356年），元將定定扼鎮江……太祖（朱元璋）既定集慶，慮士誠、壽輝強，江左、浙右諸郡為所並，於是遣徐達攻鎮江，拔之……」
王天有《明朝十六帝》：
「（朱元璋）僅僅用了一年多的時間，攻下了鎮江、金壇……揚州等應天周圍的戰略據點，既保證了應天的安全……打開了向外發展的通路。」

婁曾泉、顏章炮《明朝史話》：
「至正十八年（1358），他（朱元璋）任康茂才為營田使，負責興修水利和屯田等項農業生產的工作，並撥出一部分將士開荒屯田，定下生產任務，超產者賞，沒完成的罰。這些措施解決了戰時糧食困難的問題。不上幾年時間，糧食堆滿倉庫……」

例如積極**儲備糧食**，**增強經濟**實力；

例如**不貪圖虛名**，隱藏自己等等。

《明史・卷一》：
「（1355年）三月，郭子興卒。時劉福通迎立韓山童子林兒於亳，國號宋……（朱元璋）念林兒勢盛，可倚藉，乃用其年號以令軍中。」
白壽彝《中國通史》：
「朱元璋還注意鬥爭的策略，在形式上仍保持與宋政權的隸屬關係，遙尊小明王為帝，打著宋政權的旗號來號令軍士，以免樹大招風。」

這些就是他著名的

「高築牆、廣積糧、緩稱王」九字綱領。

王天有《明朝十六帝》：

「軍事上取得進展的同時，朱元璋接受徽州老儒朱升的建議：『高築牆，廣積糧，緩稱王』，首先是鞏固政權的轄區；第二是發展生產，積蓄經濟力量；第三是作長遠打算，不急於稱王，以免樹大招風。」

而發展的過程中，

元璋喵也跟其他起義軍**不一樣**。

其他起義軍**打砸搶**，

《國初群雄事略．卷三》：

「普祥，黃州黃岡人，歲辛卯，從徐壽輝以燒香起兵，為元帥，人稱為歐道人。（1352年）壬辰二月，引兵掠江西諸郡縣，攻陷袁州，焚室廬掠人民以去……」

《明史．卷一二二》：

「（韓）林兒本起盜賊，無大志，又聽命福通，徒擁虛名。諸將在外者率不遵約束，所過焚劫，至啖老弱為糧……」

元璋喵的軍隊**紀律嚴明**，

《明史紀事本末．卷一》：

「明太祖（朱元璋）之起兵濠梁也……救民塗炭，除暴去苛，縱還婦女，不貪玉帛……」

《明史紀事本末．卷二》：

「至正十六年（1356年）春三月，太祖（朱元璋）既定金陵……曰：『吾自起兵，未嘗妄殺。今爾等當體吾心，戒戢士卒，城下之日，毋焚掠殺戮。有犯令者，處以軍法，縱者罰毋赦。』」

其他起義軍首領**奢侈腐敗**，

《明史．卷一二三》：

「士誠為人，外遲重寡言，似有器量，而實無遠圖。既據有吳中，吳承平久，戶口殷盛，士誠漸奢縱，怠於政事。士信、元紹尤好聚斂，金玉珍寶及古法書名畫，無不充牣。日夜歌舞自娛。將帥亦偃蹇不用命……甫至軍，所載婢妾樂器踵相接不絕……」

元璋喵自己則**勤儉樸素**。

吳晗《朱元璋傳》：
「元璋生長於農村，經過窮苦日子，深知物力艱難，生活比較樸素，講究節儉。」

與此同時，元璋喵還特別**尊重知識分子**，

白壽彝《中國通史》：
「朱元璋為了擴大社會影響，對文人也特別留意。他每到一地，都禮賢下士，對應聘儒士，妥善地給予安排和任用，因才授職，用其所長，使他們發揮自己的才能。」

很多有才能的**賢士**也**加入**到他的隊伍中。

翦伯贊《中國史綱要》：
「朱元璋軍紀嚴明，又知人善任，文士如馮國勝、李善長等都為他出謀劃策……」
蔡美彪《中國通史》：
「早從渡江之初，朱元璋就著意於招攬儒士。如下太平後，以李習知太平府事，陶安參幕府事。破集慶，得儒士夏煜、孫炎、楊憲等，都加以錄用。」

在這一連串操作下，
元璋喵的**經濟**和**軍事實力**不斷**上漲**，

蔡美彪《中國通史》：
「朱元璋自占據應天（集慶）後，即不斷擴充軍力，擴充地區，並在占領區著力進行政權建設，整飭軍隊，從而獲得了較強的實力。」

占領區也**不斷擴大**。

翦伯贊《中國史綱要》：
「從至正十六年至十九年間（1356—1359年），朱元璋以建康為根據地，不斷向外擴充勢力……至正十七年（1357年），朱元璋派徐達、常遇春、胡大海分別攻占寧國、徽州、池州等地，次年又親自率兵攻克婺州。至正十九年（1359年）繼續攻占衢州、處州，皖南以及浙東的東南部地區。」

而他自己則從一個乞丐
成長為稱霸一方的**雄主**，

白壽彝《中國通史》：
「（1355年）朱元璋雖然占據了應天，但總的來說，依然是地狹人稀，力量還不夠強大……幾年之後，朱元璋終於以應天為中心，營建了一個鞏固的根據地，兵壯糧多，足可以同其他勢力相匹敵了。」

正式坐到了**角逐天下**的**牌桌**上。

軍事科學院《中國軍事通史》：
「朱元璋所領導的這支隊伍一開始就與其他起義軍有不同之處，他目標遠大、策略得當，戰略正確，善於用人……在群雄角逐中，逐漸成為強者。」

不過此時在他的邊上
就有一個非常**強大**的**對手**，

白壽彝《中國通史》：
「朱元璋占據應天後，東有張士誠倚江南之富庶，爭奪江浙地盤；西有……憑長江中游地利，時時發兵來犯。」
季士家《朱元璋》：
「……在元末群雄中力量最強，疆土最廣，野心也最大。」

他是**誰**呢？

（且聽下回分解。）

編者按

朱元璋參加起義晚、勢力弱、發展慢，在元末群雄中並不占據優勢。但正因如此，周圍的勢力都沒有將朱元璋放在眼裡。而朱元璋也盡量不與他們起衝突，例如：他在名義上接受北部的韓宋政權的管轄，又派遣使者與東部的張士誠交好，以此為自己贏得和平的局面和發展的空間。在此基礎上，朱元璋在擴張和選擇對手時，依然是很講究的。他先進攻後方的元軍，是因為元朝北方先後遭到韓宋北伐和軍閥混戰的衝擊，根本顧不上南方，導致南方的元朝據點孤立無援。這對當時的朱元璋而言是一個很好的突破口，也符合了反抗元朝統治的需求。正是這種善於隱藏自己，又善於選擇方向的做法，才讓朱元璋有了崛起的機會。

朱元璋——煎餅（飾）

參考來源：《明史》、《皇明本紀》、《國初群雄事略》、《明史紀事本末》、吳晗《朱元璋傳》、商傳《明太祖朱元璋》、季士家《朱元璋》、白壽彝《中國通史》、翦伯贊《中國史綱要》、王天有《明朝十六帝》、蔡美彪《中國通史》、傅樂成《中國通史》、南炳文和湯綱《明史》、婁曾泉和顏章炮《明朝史話》、軍事科學院《中國軍事通史》、張豈之《中國歷史·元明清卷》、柏楊《中國歷史年表》

【不忘學習】

朱元璋在攻城掠地的同時，
還努力學習文化知識，
經常聘請學者給他講課。

【讀信代表】

朱元璋剛剛參軍時，
軍隊裡大多是文盲，
只有他識幾個字，
因此戰友們家裡來信了
都讓朱元璋幫忙讀。

【老天的安排】

朱元璋原本不敢起義，
但他算命時，
算出參加起義是「吉」，
其他都是「不吉」，
他這才下定決心加入起義軍。

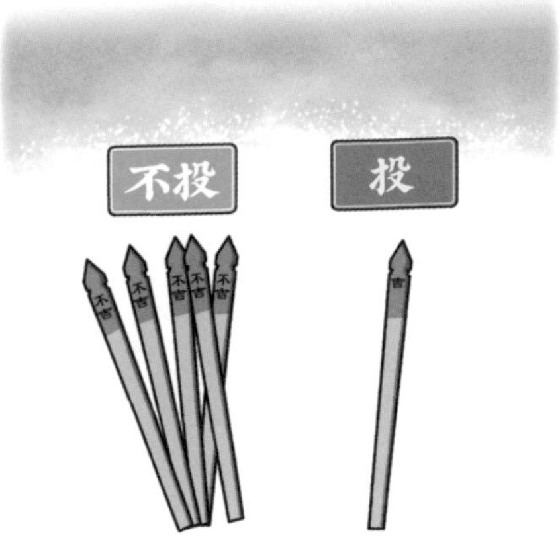

百群喵檔案

煎餅小劇場

《金錢交易》

小烏，可以借我點錢嗎？最近有套漫畫想買。
真拿你沒辦法……
謝謝。
來，給你。
一定啦！
要還哦！
那邊兩個一定是犯罪集團吧，好可怕！
別看那邊，一定在非法交易。

《暗中觀察》

這本漫畫實在太好看了！
啊！原來也有跟我一樣的讀者。
魔法少年
沒想到……這麼冷門的作品竟然能遇到同好。
真是英雄所見略同，好想過去交流一下啊，不知道他看到哪兒了……
怎麼辦，那個傢伙盯著我好久了。
我是不是得罪他了？要逃嗎？
魔法少年

煎餅

雙魚座

生日：3 月 3 日

身高：182 公分

喜歡的電影類型：魔幻主題

假期的計畫：參加漫展

（煎餅擬人介紹）

煎饼的像素世界
Jianbing's pixel world

第一百四十六回◉荊楚之雄

元朝末年，

以白蓮教為主體的**起義運動**轟轟烈烈。

白壽彝《中國通史》：

「（1351年）五月初，韓山童與劉福通等在穎州穎上（今屬安徽）發動起義，元末農民戰爭爆發。」

朱紹侯《中國古代史》：

「元末的農民起義主要是利用白蓮教組織起義隊伍的。」

而起義團體主要分南北**兩個派系**，

蔡美彪《中國通史》：

「韓山童、劉福通等起義者也都頭纏紅巾作標誌，並高舉赤旗。因此，起義軍被稱為紅巾軍，或紅軍、香軍。」

白壽彝《中國通史》：

「南方紅巾軍與北方紅巾軍一樣，信奉白蓮教，念彌勒佛，燃香，起兵後頭裹紅巾，作為標誌。」

他們都以**神明降世**的說法，
號召大家起義推翻元朝。

北派說的是**明王降生**，

蔡美彪《中國通史》：
「韓山童利用民間廣泛流傳和熟習的傳說，倡言天下當大亂……明王出世。剝去宗教的外衣，它的實際意義，是號召人們整個地推翻元朝的統治，重立新王。」

代表政權是**韓宋**。

邱樹森《元朝史話》：
「1355年二月，劉福通將韓山童的兒子韓林兒從碭山夾河接到亳州（今安徽亳縣），正式建立北方紅巾軍的政權——宋，改元龍鳳，韓林兒為帝，又號『小明王』。『小明王』是『明王出世』的標誌……」

南派呢，說的是**彌勒佛降世**，

白壽彝《中國通史》：

「南方白蓮教主是彭瑩玉……他在江淮等地繼續宣傳白蓮教，足跡遍及今安徽、江西、湖南、湖北各地，並在各地招收門徒，策劃武裝起義。他以『彌勒佛下生，當為世主』的宗教口號來鼓動群眾起來反元……」

由**天完政權**領導，

雷家宏、王瑞明《湖北通史・宋元卷》：

「南方紅巾軍是元末農民大起義中十分引人注目的一支強大的武裝力量。它從蘄州一直打遍了大半個南中國，並建立了元末農民大起義中的第一個農民政權——天完政權。」

而天完政權的**老大**就是**徐壽輝喵**。

《元史・卷四十二》：

「（1351年）徐壽輝據蘄水為都，國號天完，僭稱皇帝，改元治平……」

壽輝喵是個**大帥哥**，

雷家宏、王瑞明《湖北通史・宋元卷》：
「徐壽輝，又名真逸（貞一、真一），蘄州羅田人……他身材魁偉，相貌出眾。」

但……也就只是**長得帥**而已。

《國初群雄事略・卷三》：
「壽輝即貞一，體貌魁岸，木強無他能……」

本來是個**賣布的**，

《明史・卷一二三》：
「壽輝，羅田人，又名真一，業販布。」

然後因為白蓮教需要一個好看的**門面**，

這個小哥不錯，非常帥氣！
沒錯！就他了！

白壽彝《中國通史》：
「至正十一年（1351年）五月，劉福通在潁州起義成功後，鄒普勝積極準備起義，但需物色一位體態雄偉的人物，以應『彌勒佛下生』之偈言。」

所以被拎上去當了**老大**，

老大
壽輝陛下萬歲！
天完政權萬歲！

《明史．卷一二三》：
「元末盜起，袁州僧彭瑩玉以妖術與麻城鄒普勝聚眾為亂，用紅巾為號，奇壽輝狀貌，遂推為主。」

可以說就這麼**簡單**。

這就……當上了？

可就是其**吉祥物般**的存在，
給了一個**喵**上位的**機會**。

《國初群雄事略．卷三》：
「（徐壽輝）資性寬縱，權在臣下，徒存空名爾。」

他就是**陳友諒喵**。

《國初群雄事略．卷四》：
「陳友諒，沔陽人，本姓謝……」

友諒喵**「祖傳」打魚**專業戶，

《明史．卷一二三》：
「陳友諒，沔陽漁家子也。本謝氏，祖贅於陳，因從其姓。」

從小就**聰明**機靈，

《國初群雄事略．卷四》：
「友諒幼岐嶷……」

身強體壯，戰鬥力也不錯，

《國初群雄事略．卷四》：
「……比長，膂力過人，優於武藝。」

但性格**狡猾凶悍**。

《鴻猷錄．卷三》：
「友諒之勇悍雄略，雖或未及項羽，而剽迅狡猾，出沒飄忽，大困而氣不餒，屢躓而勢復振。」

曾經有算命的說他有**富貴之命**，

《明史・卷一二三》：
「有術者相其（陳友諒）先世墓地，曰『法當貴』……」

這讓他**開心得呀**……

《明史・卷一二三》：
「……友諒心竊喜。」

可惜……**長大後**……
友諒喵卻只在縣裡當了個**打雜的**，

韓儒林《元朝史》：
「陳友諒也出身在沔陽的漁民家庭，本姓謝，因贅於陳氏，故改姓陳，曾在縣衙裡擔任過貼書之職。」
《中國歷史大辭典・遼夏金元史》：
「貼書：吏的助手、候補者。元各級官署均設此職，擔任抄寫文字等事。」

上司還總是**責罵他**。

廢物！一點小事都做不好！

軍事科學院《中國軍事通史》：「（陳）友諒力氣大，武藝好，在縣為吏，因與上司不合，屢受責備……」

真是**不甘心**啊……

說好的富貴呢……

所以當紅巾軍**起義爆發**時，

啊？
啊？
根據劇本造反啦！快開始吧！

白壽彝《中國通史》：「劉福通紅巾軍起義揭開了元末農民大起義的序幕，南北各地到處燃起了農民戰爭的烽火……在南方，至正十一年（1351）八月，徐壽輝、彭瑩玉、鄒普勝等在蘄州（今湖北蘄春）、黃州（今湖北黃岡）起兵。」

友諒喵就馬上**投軍**去了，

《明史‧卷一二三》：
「（1351年）徐壽輝兵起，友諒往從之，依其將倪文俊為簿掾。」

可即便如此……

他也還是做了個**管帳本的**而已。

龔書鐸《白話精編二十四史‧卷十》：
「（1351年）徐壽輝一起兵，陳友諒就投奔了這支義軍，在徐壽輝麾下領軍元帥倪文俊的身邊擔任簿掾（掌管文書和錢糧）。」

然而管帳本的也是**可以努力**的，

友諒喵經常**跟著軍隊**出去**拚死殺敵**，

白壽彝《中國通史》：「（1351年）蘄黃起義爆發後，他（陳友諒）慨然投奔紅巾軍，為倪文俊統軍元帥府的簿掾。從文俊攻城奪池……」

而且拿下不少**戰功**，

《國學經典文庫》叢書編委會《明太祖朱元璋》：「剛開始陳友諒在倪文俊手下當簿掾，倪文俊見陳友諒頗有才識，辦事盡心盡力，對主子忠心耿耿，屢立戰功，對他非常器重。」

於是很快他就**被提拔**為領兵**元帥**。

南炳文、湯綱《明史》：「陳友諒出身沔陽漁民家庭……在縣裡當貼書，參加了徐壽輝部紅巾軍，最初充當倪文俊簿掾，後因作戰有功，『為領兵元帥』。」

然而……他可**不滿足**於這些，

雷家宏、王瑞明《湖北通史・宋元卷》：
「陳友諒和倪文俊一樣，也是欲壑難填。」

恰巧這時，

他的上司因為**造反敗露**，**逃**到了友諒喵這兒。

白壽彝《中國通史》：
「至正十七年（1357）九月，倪文俊圖謀殺害徐壽輝，事敗逃奔黃州其部下陳友諒處……」

呼呼呼……終於安全了……
嗯？

對於上司來說，

友諒喵是他的**救命稻草**。

小陳啊，你可是我一手提拔的……
一定要幫哥！

［美］牟復禮、［英］崔瑞德《劍橋中國明代史》：
「他（陳友諒）粗通文墨，參加叛亂以後曾隸倪文俊為簿掾……取得倪文俊的信任……」

可對於友諒喵來說，

這可就是個**升級大禮包**呀！

朱紹侯《中國古代史》：
「1356年正月，倪文俊重建天完政權，以漢陽為都，自任丞相，勢力擴展至浙江、安徽、湖南等地。」
南炳文、湯綱《明史》：
「天完政權實際上被丞相倪文俊所控制。」

於是乎，**上司**就這麼**被幹掉**了，

《元史．卷四十五》：
「（1357年）八月癸卯朔，填星犯鬼宿……倪文俊謀殺其主徐壽輝，不果，自漢陽奔黃州，壽輝偽將陳友諒襲殺之……」

而友諒喵則**吞併**了他的**勢力**，

《明史・卷一二三》：

「（至正）十七年（1357年）九月，文俊謀弒壽輝，不克，奔黃州。時友諒隸文俊麾下，數有功，為領兵元帥。遂乘釁殺文俊，並其兵……」

且逐漸**控制**了天完政權的**軍政大權**。

白壽彝《中國通史》：

「至正十七年（1357）九月，文俊謀弒天完帝壽輝不果，逃奔黃州，友諒乘機殺之，其部眾盡歸友諒，友諒自稱宣慰使，不久稱平章政事，從此握有天完政權的軍政大權。」

在這個時間段裡，
北方的**韓宋**政權正跟元朝打得**你死我活**。

《新元史・卷二二五》：

「(至正)十五年(1355年)二月，福通等自碭山夾河迎林兒至，僭號稱皇帝，又號為小明王，都亳州，國號宋……」「(1357年)六月，福通知官軍在河南，河北空虛，乃分兵三道：關先生、破頭潘、沙劉二、馮長舅、王士誠出晉冀，白不信、大刀敖、李喜喜趨關陝，毛貴略山東。」

趁他們沒空注意自己，
友諒喵便不斷**擴大**自己的**勢力**，

蔡美彪《中國通史》：

「當大宋農民軍三路北上作戰的年代，元軍的主力被吸引在北方的戰場，徐壽輝等的天完農民軍和朱元璋領導的農民軍得以在江淮地區進軍擴地，繼續發展。」

且在幾個月的時間**占領**了**大片土地**。

白壽彝《中國通史》：

「(至正)十八年(1358)四月，友諒自九江南下克龍興路(今南昌)……陳友諒在江西的攻勢猶如風捲殘雲，僅四五個月內便幾乎占領了今江西全省。次年三月，又遣兵占領襄陽。不久，王奉國又得信州，鄧克明進兵福建……」

與此同時，
他對篡奪最高權力的**欲望**也急劇**上升**。

白壽彝《中國通史》：
「……有利的形勢使他（陳友諒）威望大增，篡奪最高權力的欲望也急劇上升。」

那麼……此時**天完政權**的**老大**壽輝喵呢，

白壽彝《中國通史》：
「戰場上的勝利使陳友諒產生了強烈的權力欲……徐壽輝只是徒具虛名的天完皇帝而已，根本指揮不了握有重兵的陳友諒。」

他似乎**沒太放**在**心上**，

還想著把**都城遷到**友諒喵**附近**。

走！搬去他那兒玩玩！
陛下那傢伙不得不防啊！
是啊！咱們不能送死啊！

《國初群雄事略．卷三》：

「（1359年）友諒遣兵略衢州，破杉關，而自引兵至江州，迎壽輝。初，壽輝聞友諒破龍興，欲徙居之，友諒忌其來不利於己，不從。壽輝不得已而止。至是，壽輝復欲往，友諒遣人止之，不聽……」

這……真的**好嗎**？

不好吧！
沒事，看我過去鎮鎮他！

就這樣，壽輝喵**樂呵呵地**來到了友諒喵的地界。

《明史紀事本末．卷三》：

「（1359年）冬十二月，徐壽輝以友諒破隆（龍）興，欲徙都之。友諒忌其來不利於己，沮之。壽輝不聽，引兵發漢陽，南下江州。」

看到壽輝喵來了，
友諒喵**專門**出來**迎接**。

白壽彝《中國通史》：
「至正十九年（1359）十二月，徐壽輝引兵發漢陽，決定徙都南昌，路經江州，友諒偽裝出迎……」

可剛一進門，
友諒喵就把**門**給**關上**了，

白壽彝《中國通史》：
「陰伏兵於城西門外，待壽輝入城，將城門緊閉……」

然後讓門外的手下
把壽輝喵的部下**全部幹掉**。

白壽彝《中國通史》：
「……盡殺壽輝部屬於城外。」

可憐的壽輝喵從此成了友諒喵的**傀儡**，

《新元史·卷二二六》：
「(至正)十九年(1359年)十二月，壽輝引兵至江州，友諒佯出迎壽輝，既入，門閉，悉殺其從者。自是，權歸友諒，壽輝僅有空名而已。」

而友諒喵則**大權獨攬**，
自立為**漢王**，

《明史·卷一二三》：
「(1359年)始友諒破龍興，壽輝欲徙都之，友諒不可。未幾，壽輝遽發漢陽，次江州。江州，友諒治所也，伏兵郭外，迎壽輝入，即閉城門，悉殺其所部。即江州為都，奉壽輝以居，而自稱漢王，置王府官屬。」

後來更是**篡奪上位**，

登基**稱帝**，

《明史・卷一二三》：

「遂挾壽輝東下，攻太平……進駐采石磯，遣部將陽白事壽輝前，戒壯士挾鐵撾擊碎其首。壽輝既死，以采石五通廟為行殿，即皇帝位，國號漢，改元大義……」

史稱**陳漢政權**。

柏楊《中國歷史年表》：

「陳友諒稱帝，建都武昌（湖北武漢），國號漢，史稱陳漢。」

陳漢政權**繼承**了

原本天完政權所有的**軍隊**和**地盤**，

韓儒林《元朝史》：

「天啟元年（一三五八年）正月，安慶城破……天完政權力量大增，成為南方各支起義軍中拓地最廣、實力最強的武裝力量。」「陳友諒殺徐壽輝，篡奪天完政權，標誌著代表起義農民利益的天完政權已經失敗，由逐漸向封建割據轉化的漢政權取而代之。」

成為了南方**最強大**的**割據勢力**。

吳晗《朱元璋傳》：
「群雄中陳友諒的軍力最強，疆土最廣，野心也最大。」

然而，如若友諒喵要稱霸南方

還得打敗一個**重要**的**對手**，

這就是**朱元璋喵**。

白壽彝《中國通史》：
「漢政權建立後，元朝在南方的勢力越來越小，所以陳友諒除了派軍隊進攻福建邵武、建寧等地與陳友定爭奪地盤外，主要精力用在東線與朱元璋爭雄上，他傾盡全力，意圖一舉全殲朱元璋軍，達到稱霸南方的目的。」

作為南方割據勢力裡**強勁**的**兩方**，

《明史紀事本末・卷三》：

「陳友諒以驍鷙之姿，奄有江、楚，控扼上流，地險而兵強，才剽而勢盛……」

蔡美彪《中國通史》：

「朱元璋在一三五六年三月，攻占集慶。四月取鎮江，七月稱吳國公。一三五六、五七兩年之間，又在江浙地區連續取得勝利……連續佔有江左、浙右諸郡，與陳友諒占據的地區鄰接。」

陳、朱之中**誰**是最後的**勝者**呢？

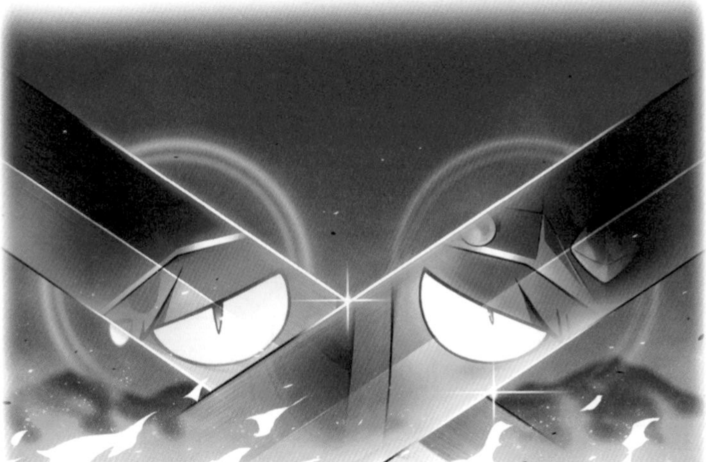

（且聽下回分解。）

編者按

在元末南方群雄中，陳友諒無疑是實力最強的一個。他有勇有謀，意志堅強。史學家高岱曾用「大困而不餒，屢躓而復振」來形容他，意思是陳友諒在遇到困境時不會氣餒，很快就會重新振作。此外，陳友諒在抗元過程中曾攻下過安慶、襄陽、江西等元朝重鎮，這些功績和優點都讓他得以成為一代梟雄。然而，陳友諒的很多做法也確實不得人心。例如殺掉老領導倪文俊，借機吞併了倪文俊的部隊；例如殺了很多天完政權中的抗元功臣，然後又殺了自己在天完的君主。這些行為讓很多將士非常不滿，加上陳友諒即位後還和元朝的官員、地主同流合污，將巨額軍費強加於百姓頭上，導致陳漢政權看似強大，內部卻隱患重重。

徐壽輝——麻花（飾）

陳友諒——瓜子（飾）

朱元璋——煎餅（飾）

參考來源：《元史》、《明史》、《新元史》、《鴻猷錄》、《明史紀事本末》、《國初群雄事略》、《中國歷史大辭典．遼夏金元史》、韓儒林《元朝史》、白壽彝《中國通史》、蔡美彪《中國通史》、朱紹侯《中國古代史》、邱樹森《元朝史話》、南炳文和湯綱《明史》、吳晗《朱元璋傳》、《國學經典文庫》叢書編委會《明太祖朱元璋》、雷家宏和王瑞明《湖北通史．宋元卷》、龔書鐸《白話精編二十四史》、軍事科學院《中國軍事通史》、［美］牟復禮和［英］崔瑞德《劍橋中國明代史》、柏楊《中國歷史年表》

【得不償失】

陳友諒為了奪權，
曾害死過一個叫趙普勝的猛將。
趙普勝手下因此不願為陳友諒賣命，
打仗時常常偷懶。

【草率登基】

陳友諒幹掉徐壽輝後急著稱帝，
最後是全員冒著大雨，
在一個寺廟搞了個登基典禮。

【神光環繞】

據說徐壽輝在參加起義前，
有一次在池塘裡洗澡，
身上突然發出了紅光，
這讓人們很震驚，
於是認了他當老大。

麻花小劇場

《體育考試1》

油條，教教我吧，不然下週的籃球考試我要完蛋了！
啊？
籃球啊，很簡單的，所謂興趣是最好的老師……
我拿些資料給你，一定能幫到你！
真的嗎？
是什麼籃球巨星的教學影片嗎？
是這本叫《灌籃高手》的漫畫。
是漫畫呀……

《體育考試2》

嗚嗚嗚，即使看完了全部漫畫……
我也還是投不進去……
所以年糕求你幫幫我！
呃……
好吧，包在我身上！
謝謝你，年糕！
首先，我們能夠根據簡單的物理定律，得到籃球的拋物線公式為……
4m
3m
P
8m
感覺更難了……

麻花
摩羯座
生日：12 月 24 日
身高：178 公分
喜歡的電影類型：傳記主題
假期的計畫：學習
（麻花擬人介紹）

麻花的像素世界
mahua's pixel world

第一百四十七回◉略定南方

在農民起義的浪潮下，

元朝中央徹底**失去**了對天下的**控制**。

白壽彞《中國通史》：

「元朝在北方的統治，在紅巾軍的打擊下已搖搖欲墜，再加上統治階級內部軍閥混戰，軍事力量進一步被削弱。」

元朝**北部**是手握重兵的**地主武裝**，

翦伯贊《中國史綱要》：

「元順帝信任喇嘛僧，朝夕逸樂，宮廷的政變不斷發生，軍力也一蹶不振，只有倚靠擴廓帖木兒和孛羅帖木兒等人的地主武裝支持殘局。擴廓帖木兒守河南，孛羅帖木兒守大同，李思齊、張良弼等守關中……」

南部則是山頭林立的**起義軍勢力**。

白壽彞《中國通史》：

「至正十四年（1354）高郵戰役後……南方紅巾軍戰績輝煌，按實力本可擔負起推翻元朝的歷史重任，但陳友諒篡權後急遽蛻變……非紅巾軍系統的張士誠、方國珍，乘天下大亂之機，割據一方……朱元璋穩紮穩打，逐步壯大……」

可以說，天下真**亂**得不行……

邱樹森《妥懽貼睦爾傳》：

「高郵戰役以來，妥懽貼睦爾（元順帝）實際上已失去對全國局勢的控制，只能依靠察罕帖木兒父答失八都魯父子、李思齊、張思道等軍閥勢力和地主武裝在中原地區鎮壓紅巾軍，聽憑失去南方半壁江山，以維持苟延殘喘的局面。」

而起義軍這邊**最強**的有**三股勢力**，

分別是雄踞江西、湖廣的**陳友諒喵**，

《明史・卷一二三》：

「友諒性雄猜，好以權術馭下。既僭號，盡有江西、湖廣之地……」

占領江南的**張士誠喵**，

白壽彝《中國通史》：

「至正十六年（1356），張士誠率軍南下，攻占了江南之平江（今江蘇蘇州）、湖州、松江、常州等財富集中之地，並改平江為隆平府，建都於此。」

翦伯贊《中國史綱要》：

「至正十六年（1356年）朱元璋占領建康，成為紅巾軍內部一支強大的武裝力量。」

軍事科學院《中國軍事通史》：

「朱元璋所部在殲滅浙江元軍後，面臨最大的威脅是東面的張士誠勢力和西面的陳友諒勢力。」

還有夾在他們中間的**朱元璋喵**。

自從取得了自己的地盤後，

元璋喵便使勁**鞏固**自己的**勢力**。

蔡美彪《中國通史》：

「朱元璋自占據應天（集慶）後，即不斷擴充軍力，擴充地區，並在占領區著力進行政權建設，整飭軍隊，從而獲得了較強的實力。」

不僅**城堅糧足**，

軍事科學院《中國軍事通史》：

「金陵（應天）的奪取，使朱元璋起義軍有了一個在政治、軍事、經濟文化等方面都十分有利的根據地。」

王天有《明朝十六帝》：

「至正十八年（1358年），他（朱元璋）任康茂才為營田使，負責興修水利和屯田，恢復農業生產……不但解決了糧食困難的問題，增強了經濟實力……」

軍民也**上下一心**。

婁曾泉、顏章炮《明朝史話》：

「至正十八年（一三五八），他（朱元璋）任康茂才為營田使，負責興修水利和屯田等項農業生產的工作，並撥出一部分將士開荒屯田……減輕了自己勢力範圍內的農民負擔，軍民皆大歡喜，增強了日後戰勝群雄的經濟實力。」

相反邊上的張士誠喵

雖然占據**富庶**的江南地區，

蔡美彪《中國通史》：

「張士誠占據江浙、淮南的富庶地帶，東至海，北至濟寧，有地二千餘里。」

白壽彝《中國通史》：

「（1356）朱元璋已攻占集慶（今江蘇南京），勢力向東擴展，與張（張士誠）軍開始接觸。」

卻**沒**什麼**進取心**。

《明史·卷一二三》：
「士誠為人，外遲重寡言，似有器量，而實無遠圖。」

不僅**不抗元**了，

《明史·卷一二三》：
「明年（1357年），耿炳文取長興，徐達取常州，吳良等取江陰，士誠兵不得四出，勢漸蹙……士德間道貽士誠書，俾降元。士誠遂決計請降。江浙右丞相達識帖睦邇為言於朝，授士誠太尉，官其將吏有差。」

每天還各種**吃喝玩樂**。

《明史·卷一二三》：
「（張士誠）既據有吳中，吳承平久，戶口殷盛，士誠漸奢縱，怠於政事……上下嬉娛……」
韓儒林《元朝史》：
「張士誠一夥也是新生的地主分子。他們占據平江、特別是投降元朝後，更加貪婪地追求財富和享樂。」

而另一邊的陳友諒喵呢，

倒是**野心勃勃**，

王天有《明朝十六帝》：「陳友諒勢力最強，疆土最廣，野心也最大。」

各種**招兵買馬**，

雷家宏、王瑞明《湖北通史‧宋元卷》：「戰爭無疑需要大量的兵丁和雄厚的財力。為此，陳友諒驅民為兵……」

各種**攻城掠地**，

軍事科學院《中國軍事通史》：「陳友諒控制天完政權後，並無雄才大略，只顧爭權奪利……乘機向東南占領安慶（今安徽安慶市）、池州（今安徽貴池市）、龍興、吉安、撫州、信州、贛州……」

但與此同時，卻**加大**了對喵民的**剝削**。

軍事科學院《中國軍事通史》：

「（陳友諒）又於二十年（1360年）閏五月在采石舟中用鐵撾殺害徐壽輝，以五通廟為行殿稱帝……在經濟上，他既不重視恢復和發展農業生產，又把巨額軍費加於民眾頭上，人民負擔極重。」

在他的領地內，
無論是百姓還是士兵都面臨**恐怖**的**統治**。

白壽彝《中國通史》：

「陳友諒在至正十七年（1357）掌握天完政權後，就把爭取和依靠地主階級知識份子和元故官作為鞏固自己權力的措施……他們結合在一起，壓迫人民、剝削人民，田賦數額有的地方高於元制一倍。」「（陳友諒）為了達到篡奪目的，不惜殺害戰友、國主，其手段之殘忍令其部眾膽戰心驚……」

不過即便如此，
友諒喵的實力無疑還是**南方**勢力中**最強**的。

朱紹侯《中國古代史》：

「1357年九月，倪文俊謀殺徐壽輝未成，反被其部將陳友諒殺死，餘部全歸陳友諒。陳友諒掌握兵權後，連克皖、贛、閩、浙大片地區，成為南方各支起義軍中拓地最廣、實力最強的武裝力量。」

而他要統一南方，
最**需要幹掉**的就是朱元璋喵，

白壽彝《中國通史》：
「漢政權建立後，元朝在南方的勢力越來越小，所以陳友諒除了派軍隊進攻福建邵武、建寧等地與陳友定爭奪地盤外，主要精力用在東線與朱元璋爭雄上，他傾盡全力，意圖一舉全殲朱元璋軍，達到稱霸南方的目的。」

但是嘛……
元璋喵可**沒那麼好對付**。

友諒喵雖然找元璋喵**打了兩回**，

《明史．卷一》：
「（至正）二十年（1360年）春二月，元福建行省參政袁天祿以福寧降……友諒弒其主徐壽輝，自稱皇帝，國號漢，盡有江西、湖廣地，約士誠合攻應天，應天大震。」「二十一年（1361年）春二月甲申，立鹽茶課……秋七月，友諒將張定邊陷安慶。」

可都**沒**打**贏**，

《明史．卷一》：

「八月，遣使於元平章察罕帖木兒……太祖（朱元璋）乃自將舟師征陳友諒。戊戌，克安慶……追敗友諒於江州……」

朱紹侯《中國古代史》：

「1360年閏五月，陳友諒勾結張士誠，準備順流而下夾擊朱元璋的根據地應天府……（朱元璋）設好埋伏打敗了陳友諒。張士誠果然未敢出動。1361年陳友諒再次反撲失敗……」

可以說……一肚子氣呀！

於是乎，**公元1363年**，

友諒喵親率六十萬大軍**傾巢而出**，

《明史紀事本末．卷三》：

「（1363年）夏四月，陳友諒忿其疆埸日蹙，大作舟艦，高數丈，飾以丹漆，上下三級，級置走馬棚，下設板房為蔽，置櫓數十其中，上下人語不相聞。櫓箱皆裹以鐵，自謂必勝。載其家屬百官，空國而來，兵號六十萬……」

打算一口氣**端了老朱家**。

朱紹侯《中國古代史》：
「1363年四月，陳友諒竭盡全力，企圖與朱元璋決一死戰。」
韓儒林《元朝史》：
「龍鳳九年（一三六三年）四月，氣急敗壞的陳友諒……舉兵包圍洪都（今江西南昌），於是爆發了歷史上著名鄱陽湖水戰。」

在當時，友諒喵有軍隊**六十萬**，

《國初群雄事略．卷四》：
「至正二十三年（1363年）癸卯大義四年四月壬戌，陳友諒復大舉兵圍洪都。」「友諒親率『高梢子』戰船，兵號六十萬圍南昌（洪都）……」

元璋喵這邊則只有**二十萬**。

《國初群雄事略．卷四》：
「七月癸酉，太祖（朱元璋）自將救洪都。」「時徐達、常遇春等亦自廬州還，上（朱元璋）會師鄱蠡龍江，舟師凡二十萬俱發。」

友諒喵那邊**巨艦上百艘**，

韓儒林《元朝史》：「為了進行這次戰爭，陳友諒特製了數百艘大艦……朱元璋親率二十萬大軍來救，陳友諒退至鄱陽湖迎戰。」

元璋喵幾乎都是**小船**。

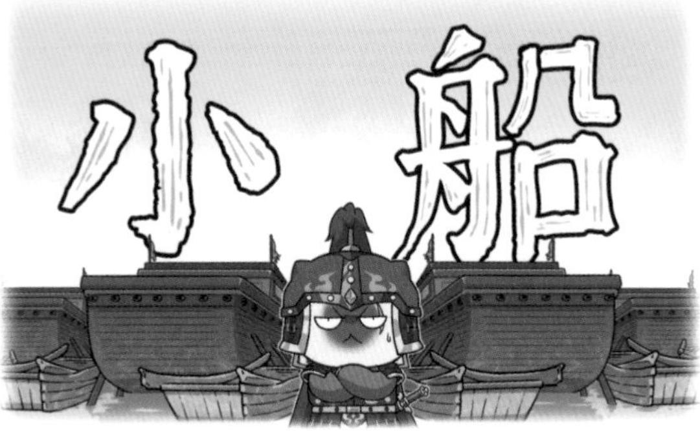

韓儒林《元朝史》：「當時雙方的兵力，陳友諒擁兵六十萬……朱元璋只有二十萬，用的是小船。」

這麼大陣仗開過來，
元璋喵的士兵們也是**慌得不行**。

《明史・卷一》：「友諒兵號六十萬，聯巨舟為陣，樓櫓高十餘丈，綿亙數十里，旌旗戈盾，望之如山……（朱元璋）諸將舟小，仰攻不利，有怖色。」

這可怎麼辦呢？

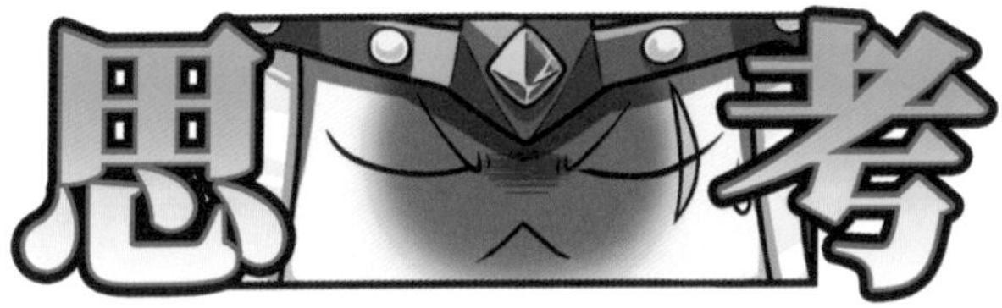

《明史紀事本末·卷三》：
「（1363年）友諒圍南昌凡八十有五日，聞太祖至，解圍，東出鄱陽逆戰。太祖率諸將由松門入鄱陽湖。」
「友諒悉巨舟連鎖為陣，旌旗樓櫓，望之如山。我舟小，仰攻多卻，太祖（朱元璋）親麾之，不前，右師少卻，太祖立命斬隊長十餘人……」

幸虧元璋喵還是**頂住**了**壓力**，

他帶上了所有的**兵馬**，
派出了所有**將領**，

《明史紀事本末·卷三》：
「徐達、常遇春、廖永忠等進兵薄戰……元帥宋貴、陳兆先亦死戰。」
白壽彝《中國通史》：
「（1363）七月，朱元璋親率舟師20萬，大將徐達、常遇春、廖永忠、俞通海等皆隨師出發。友諒聞朱軍來援，即解南昌之圍，東出鄱陽湖迎戰。於是爆發了規模空前的鄱陽湖水戰。」

然後決定用**火攻**來與之對抗！

邱樹森《元朝史話》：「朱元璋看準了陳友諒的弱點，一開始就採用火攻。」

形勢上友諒喵的戰艦雖然大，

但為了保證陣形，

他將戰艦都用**鐵索連**在了**一起**。

《明史．卷一二三》：「（1363年）友諒聞太祖（朱元璋）至，撤圍，東出鄱陽湖，遇於康郎山。友諒集巨艦，連鎖為陣，太祖兵不能仰攻……」

雖然看上去很**威風**，

但活動起來卻並**不方便**。

《明史‧卷一二三》：
「（1363年）友諒忿疆土日蹙，乃大治樓船數百艘，皆高數丈……艫箱皆裹以鐵。載家屬百官，盡銳攻南昌……友諒軍俱艨艟巨艦，不利進退……」
軍事科學院《中國軍事通史》：
「陳友諒僅憑艦大人多，結成不利於機動的艦陣。」

而元璋喵呢，

船不大，行動起來卻特別**靈活**。

白壽彝《中國通史》：
「陳友諒戰艦雖大，但用鐵索連在一起，轉動不便；朱元璋戰船雖小，但機動靈活……」
《明史‧卷一二三》：
「太祖（朱元璋）舟雖小，然輕駛……」

恰好此時還刮起了**大風**，

《國初群雄事略．卷四》：
「（1363年）友諒圍洪都，至是八十有五日。聞上（朱元璋）至，即解圍東出鄱陽以迎我師。上率諸軍由松門入鄱陽。丁亥，遇於康郎山。」
「戊子，（朱元璋）命徐達等進兵薄戰，達急攻……敵兵舟艦相連，至晡，東北風起……」

簡直是放火的**大好時機**了。

《明史紀事本末．卷三》：
「友諒列巨舟當我師。太祖（朱元璋）見之，謂諸將曰：『彼巨舟首尾連接，不利進退，可破也。』」

於是在大風的助力下，
元璋喵的**「火船」衝向**友諒喵的**艦隊**。

《國初群雄事略．卷四》：
「上（朱元璋）命以七舟載荻葦，貯火藥，束草為人，飾以甲冑，命敢死士操之，乘風縱火……」

因為被綁在一起，

友諒喵的艦隊連**躲避**都來**不及**，

頓時**燒成一片**。

《明史紀事本末．卷三》：「東北風起，太祖（朱元璋）命以七舟束草為人，飾以甲冑，持兵戟，若鬥敵狀，令敢死士操之，備走舸於後。將迫敵（陳友諒）舟，乘風縱火，風急火烈，須臾抵敵舟，焚水寨數百艘，燔焰漲天，湖水盡赤……」

熊熊火焰不僅**燒掉了**友諒喵**大部分兵力**，

《明史紀事本末．卷三》：「……死者大半。友諒弟友仁、友貴及其平章陳普略等皆焚死。」

更是將他軍隊的**士氣徹底擊潰**，

《明史．卷一》：

「會日晡，大風起東北，（朱元璋）乃命敢死士操七舟，實火藥蘆葦中，縱火焚友諒舟。風烈火熾，煙焰漲天，湖水盡赤。友諒兵大亂，諸將鼓噪乘之，斬首二千餘級，焚溺死者無算，友諒氣奪。」

最終連友諒喵也**死**於亂軍之中。

《國初群雄事略．卷四》：

「友諒攻龍興久不下，台兵至，合戰鄱陽，前後相持者八十餘日，大戰者五六，死者六七萬人。兵既不支，欲退出湖口，為流矢所中而卒。」

這就是歷史上的**鄱**（ㄆㄛˊ）**陽湖之戰**。

王天有《明朝十六帝》：

「鄱陽湖之戰是雙方勝負存亡的大決戰……朱元璋以少勝多，以弱勝強，戰勝了曾經驕橫一時的陳友諒，陳友諒本人也在這次戰役中中箭身亡。」

鄱陽湖之戰不僅為
元璋喵**除去了最大**的**威脅**，

《明史・卷一》：
「（1363年）八月壬戌，友諒食盡，趨南湖觜，為南湖軍所遏，遂突湖口……中流矢死……（朱元璋）謂基曰：『……友諒亡，天下不難定也。』」
翦伯贊《中國史綱要》：
「至正二十三年（1363年），陳友諒與朱元璋會戰於鄱陽湖，友諒中矢死……朱元璋解除了西方最大的威脅。」

他的實力更是**進一步**得到了**提升**。

《國初群雄事略・卷四》：
「友諒在別舸，中流矢貫睛及顱而死。諸軍聞之，大呼喜躍，敵眾大潰，擒其太子善兒、平章姚天祥等。明日，友諒平章陳榮、參政魯某、樞密使李才、小捨命、王副樞、賈僉院及指揮以下，悉以其樓船軍馬來降，（朱元璋）得士卒五萬餘人。」

公元1364年，元璋喵**徹底消滅**了
所有陳漢政權的**殘餘勢力**。

《明史・卷一》：
「（1364年）二月乙未，（朱元璋）復自將征武昌，陳理降，漢、沔、荊、岳皆下。」
白壽彝《中國通史》：
「次年（1364）二月，朱元璋再圍武昌，陳理勢窮計竭，出降，大漢亡。朱元璋設立湖廣行中書省，分兵略鄂、贛諸郡及廣東韶關、南雄，盡並陳友諒之地。」

與此同時，他也向東邊的士誠喵**發起**了**進攻**，

邱樹森《元朝史話》：
「陳友諒滅亡後，朱元璋著手出兵平江，消滅張士誠。」

每天只知道玩樂的士誠喵根本**不是**他的**對手**，

婁曾泉、顏章炮《明朝史話》：
「他（張士誠）本人無大志，無主見，只圖保住一塊地盤，好好享樂。手下的將軍大臣，數年來也都在忙於修亭台、玩女樂，終日笙歌宴舞，紙醉金迷，上上下下都腐化透了。」

兵敗如山倒。

《新元史．卷二二五》：
「（至正）二十五年（1365年），明太祖（朱元璋）略定兩淮，命徐達、常遇春督諸軍二十萬伐士誠，數其八罪，敗士誠兵於湖州潰口……」
「（1367年）八月，城破，徐義、潘元紹皆降，外兵蟻附登城……士誠卒自經死，年四十七。」

陳、張兩個最大的勢力一消滅，

其他**小勢力**哪有戰勝的可能，

蔡美彪《中國通史》：

「朱元璋自占據應天府以來，即多方經營，不斷擴充實力。建號吳王後，集中兵力與張士誠展開爭戰，終於在一三六七年九月，消滅了東吳。」

白壽彝《中國通史》：

「陳友諒、張士誠兩大政權滅亡後，南方方國珍、陳友定等較弱的割據勢力已成甕中之鼈，惶惶不可終日。」

最終都**被**元璋喵所**吞併**。

白壽彝《中國通史》：

「而朱元璋則挾其餘威，雙管齊下，一舉消滅方國珍和陳友定。」

自此南方大片土地**統一**到一個勢力之下，

白壽彝《中國通史》：

「在擒殺張士誠以後，（朱元璋）又制服了浙東的方國珍，平定了福建的陳友定，接著又乘勝南進，攻克廣東、廣西，實現了除四川、雲南之外的整個南部中國的統一。」

元璋喵成為了**南方**的**霸主**。

張豈之《中國歷史．元明清卷》：「鄱陽湖之戰確立了朱元璋在南方的霸主地位……（至正）二十七年（1367），擊敗並俘虜張士誠，滅東吳，又迫降浙東沿海的方國珍，江南大局已定。」

南方廣大的地域為抗元提供了**充足**的財力物力。

白壽彝《中國通史》：「至正二十七年（1367）九月，朱元璋以湯和為征南將軍、吳禎為副將軍，討平方國珍；同時命胡廷瑞為征南將軍，何文輝為副將軍，取道江西進攻陳友定……這兩個割據勢力也被消滅了。」「南方大片土地全在朱元璋的掌握之中。因此，朱元璋有了足夠的軍力、財力……」

這使得元璋喵有能力去實現最終的目標，那便是**北伐**。

翦伯贊《中國史綱要》：「朱元璋既打敗江南的各個割據勢力，更積極準備北上伐元。」

元末十餘年的混戰終於要迎來**最終章**，

《明史・卷一》：

「（1351年）元政不綱，盜賊四起。劉福通奉韓山童假宋後起潁，徐壽輝僭帝號起蘄……天下大亂。」「（1367年）庚申，召諸將議北征。太祖（朱元璋）曰：『山東則王宣反側，河南則擴廓跋扈，關隴則李思齊、張思道梟張猜忌，元祚將亡，中原塗炭。今將北伐，拯生民於水火，何以決勝？』」

元璋喵將**怎麼做**呢？

（且聽下回分解。）

編者按

在元末眾多的起義軍領袖中，陳友諒最強，張士誠最富，但都輸給了朱元璋。除了朱元璋用兵得當，問題更多出在他們自己身上。陳友諒性格凶狠，除了殘害戰友、弒君上位，向百姓徵收的賦稅甚至是元朝的兩倍，對百姓的剝削是有過之而無不及。在戰略上，陳友諒也犯了極大的錯誤。鄱陽湖之戰前，朱元璋正領兵北上，內部空虛，如果陳友諒順江而下，可以直搗朱元璋的大本營。但他卻選擇進攻有重兵把守的南昌，最後久攻不下，給了朱元璋回援的機會。而張士誠則是典型的胸無大志，他在占據江南後，從上到下都只顧享樂，後來甚至還向元朝投降，成為了鎮壓起義的幫凶。可以說，兩人都早早地站到了人民的對立面。

朱元璋——煎餅（飾）　張士誠——拉麵（飾）　陳友諒——瓜子（飾）

參考來源：《明史》、《新元史》、《明史紀事本末》、《國初群雄事略》、韓儒林《元朝史》、白壽彝《中國通史》、蔡美彪《中國通史》、翦伯贊《中國史綱要》、王天有《明朝十六帝》、軍事科學院《中國軍事通史》、邱樹森《妥懽貼睦爾傳》及《元朝史話》、婁曾泉和顏章炮《明朝史話》、雷家宏和王瑞明《湖北通史・宋元卷》、朱紹侯《中國古代史》、張豈之《中國歷史・元明清卷》

附錄

【偷襲失敗】

朱元璋和陳友諒打仗時，
張士誠曾想從背後偷襲朱元璋，
但是打了好多次都失敗了。

【伸頭就死】

陳友諒在鄱陽湖之戰中本想坐船逃走，
但他一邊逃，一邊又想瞭解戰況，
結果頭剛探出去，
就被一箭射死了。

【取名好手】

陳友諒給自己的巨艦取了
非常霸氣的名字，
例如「混江龍」「塞斷江」
「撞倒山」「江海鼇ㄠˊ」。

百群喵檔案

瓜子小劇場

《中獎》

《環境不錯》

瓜子

金牛座

生日：5 月 3 日

身高：180 公分

喜歡的電影類型：商戰主題

假期的計畫：打工兼職

（瓜子擬人介紹）

爪子的像素世界
guazi's pixel world

第一百四十八回◉統一方夏

隨著**陳**、**張**等義軍勢力的**覆滅**，

翦伯贊《中國史綱要》：

「至正二十三年（1363年），陳友諒與朱元璋會戰於鄱陽湖，友諒中矢死，全軍大敗。第二年，其子陳理投降……」「至正二十七年（1367年）九月，蘇州城破，張士誠被俘自縊而死，三吳平定。」

華夏**南方**地區實現了**統一**。

傅樂成《中國通史》：

「元至正二十六年（1366）十一月，平江週邊要點盡下，明軍於是包圍平江孤城。次年九月，城破，張士誠被俘。不久……又迫降浙東方國珍，江南基本統一。」

而勝出者是一個**出身微寒**的喵，

他就是**朱元璋喵**。

《明史・卷一》：「（朱）元璋，字國瑞，姓朱氏……姿貌雄傑，奇骨貫頂。志意廓然，人莫能測。」

如今的元璋喵已經掌握了**南方大部分**的土地，

吴晗《朱元璋傳》：「吴元年（1367年）九月間，元璋統治的疆土，大體上據有現在的湖北、湖南、河南東南部和江西、安徽、浙江，包括漢水下游和長江下游……」

可以說**兵精糧足**。

白壽彝《中國通史》：「陳友諒、張士誠兩大政權滅亡後，南方方國珍、陳友定等較弱的割據勢力已成甕中之鼈，惶惶不可終日。而朱元璋則挾其餘威，雙管齊下，一舉消滅方國珍和陳友定。」「南方大片土地全在朱元璋的掌握之中。因此，朱元璋有了足夠的軍力、財力北伐中原，統一天下。」

在這樣的前提下，

一舉結束這個混亂時代的**時機**終於**到了**。

白壽彝《中國通史》：

「陳友諒篡權後急遽蛻變，最後眾叛親離，自取滅亡。非紅巾軍系統的張士誠、方國珍，乘天下大亂之機，割據一方，叛服無常，早已失去農民起義的性質。朱元璋穩紮穩打，逐步壯大，最後擔負起推翻元朝、統一全國的歷史使命。」

而這會兒的**元朝**呢，

已經**爛透**。

韓儒林《元朝史》：

「龍鳳九年（一三六三年）宋政權失敗後，元朝統治集團更加腐敗不堪，內部傾軋、軍閥混戰，到了不可收拾的地步。」

表面上北方還在**皇朝統治**下，

但其實**軍閥割據**一方。

吳晗《朱元璋傳》：
「中國北部在表面上屬於元朝政府統治，但情況十分複雜：山東是黃軍（地主軍）王宣的防地；河南屬於擴廓帖木兒；關內隴右則有李思齊、張良弼諸軍。」

他們彼此之間互相爭鬥，形成了**四分五裂**的局面，

吳晗《朱元璋傳》：
「擴廓帖木兒和李、張二將不和，孛羅帖木兒又和擴廓帖木兒對立。當元璋進兵江浙的時候，元朝這幾個將領正在爭軍權，搶地盤，一心一意打內戰。」

元中央實際上只剩下**首都**範圍還能**勉強控制**。

〔德〕傅海波、〔英〕崔瑞德《劍橋中國遼西夏金元史》：
「從1355年至1368年，元朝中央政府盡了最大努力讓那些在地方上已自主的將領至少在表面上忠於朝廷……元政府成了一個只能控制京城及其周圍地區的地區性政府了。」

可即便如此，
朝廷內部還是**什麼**作為**都沒有**。

蔡美彪《中國通史》：
「北方和江南各路農民軍的相互殘殺和自相殘殺，使農民戰爭不可能較早地推翻元朝的統治。但是，腐朽了的元朝統治集團也並沒能因此而挽救它的危機。」

皇帝**沉迷享樂**，

張豈之《中國歷史・元明清卷》：
「至正十八年（1358）大都發生饑荒……元順帝卻依然長期怠政，沉溺於游宴淫樂……」
《元史・卷二〇五》：
「是時，天下多故日已甚，外則軍旅煩興，疆宇日蹙；內則帑藏空虛，用度不給；而帝（元順帝）方溺於娛樂，不恤政務。」

大臣把持朝政，

《元史・卷二〇五》：
「於是搠思監居相位久，無所匡救，而又公受賄賂，貪聲著聞，物議喧然。」
白壽彝《中國通史》：
「自至正十五年（1355）脫脫被害……右、左丞相凡十餘人，或為奸佞小人，或為軍閥武夫，或為無能之輩，結果都禍國殃民……」

皇太子和皇后還**聯合**起來想**搞掉皇帝**。

《元史・卷一一四》：
「完者忽都皇后奇氏，高麗人，生皇太子愛猷識理達臘……時帝（元順帝）頗怠於政治，后與皇太子愛猷識理達臘遽謀內禪……欲脅帝禪位。」

反正就是內有**內鬥**，外有**外鬥**。

張豈之《中國歷史．元明清卷》：

「在順帝怠政的同時，皇太子愛猷識里達臘及其生母第二皇后奇氏（高麗人）卻積極干政……密謀廢黜順帝，擁立皇太子……」

「至正二十七年（1367），元廷宣佈罷擴廓帖木兒兵權，命其部將白瑣住、忽林赤、貊高等人分別代掌軍隊。擴廓又與白瑣住等人互相殘殺……」

這樣的大元皇朝簡直是**搖搖欲墜**，

白壽彝《中國通史》：

「元朝在北方的統治，在紅巾軍的打擊下已搖搖欲墜，再加上統治階級內部軍閥混戰，軍事力量進一步被削弱。可以說，蒙古貴族的統治已經岌岌可危，已無力鎮壓各地的反抗，只能苟延殘喘了。」

於是乎，元璋喵開始著手**滅元計畫**。

周良霄、顧菊英《元史》：

「北方的諸軍閥擴廓帖木兒、孛羅帖木兒、李思齊、張良弼等正忙於混戰，無暇南顧，使朱元璋的軍事擴展得以毫無干擾地順利進行。張士誠既滅之後，朱元璋便開始分兵遣將，著手北伐及統一全國的工作。」

元朝雖是已**破敗不堪**，

邱樹森《妥懽貼睦爾傳》：

「在自然災害和農民起義的衝擊下，妥懽貼睦爾（元順帝）束手無策，迅速轉向腐朽沒落、沉淪頹廢。他信用奸佞、陷害大臣、治國無方，致使內亂迭起，軍紀敗壞，民不聊生，使元朝進入最黑暗的年代。」

但近百年的首都並**不**是**輕易**就能攻下的。

《明史紀事本末．卷八》：

「（1367年）十月甲子，太祖（朱元璋）命將北取中原……曰：『元建都百年，城守必固。若如卿言，懸師深入，頓於堅城之下，饋餉不繼，援兵四集，非我利也……』」

所以元璋喵決定**逐步進擊**，

傅樂成《中國通史》：

「元至正二十七年（1367），朱元璋制定北伐方略，即在山東、河南、華北逐次殲敵……」

先是取**山東**，撤除元朝的屏障；

韓儒林《元朝史》：「根據朱元璋的作戰部署，北伐的第一步是『先取山東，撤其屏蔽』。」

攻**河南**，切斷其羽翼；

韓儒林《元朝史》：「北伐的第二步是『旋師河南，斷其羽翼』……同時由馮宗異率領的偏師克陝州……」

再奪**潼關**，占據其門檻；

韓儒林《元朝史》：「……扼潼關，西略華州，以防李思齊等援兵東來。」

最後才劍插**首都**，奪取勝利。

大都

《明史·卷一》：
「（1367年）庚申，召諸將議北征……太祖（朱元璋）曰：
『……吾欲先取山東，撤彼遮罩，移兵兩河，破其藩籬，拔潼關而守之，扼其戶檻。天下形勝入我掌握，然後進兵，元都勢孤援絕，不戰自克……』」

而在發兵前，
元璋喵還將元朝的**罪行**
寫成**宣傳單**到處發，

元朝你
罪大惡極！
元朝你
壞事做盡！

《明太祖實錄·卷二十六》：
「（1367年）丙寅，（朱元璋）檄諭齊、魯、河、洛、燕、薊、秦、晉之人曰：『……自宋祚傾移，元以北狄入主中國……後嗣沉荒，失君臣之道，又加以宰相專權，憲台報怨，有司毒虐，於是人心離叛，天下兵起，使我中國之民，死者肝腦塗地，生者骨肉不相保……』」

又不斷**勸降**元朝的**貴族官僚們**，

請各位好好聽話，
不抵抗一切好說！
我會好好對你們，
希望別不知好歹♥

軍事科學院《中國軍事通史》：
「為了實現北上滅元的目標，朱元璋採取了如下一些措施……告誡蒙古人和色目人，只要不抵抗，便同漢人一樣對待……同時命徐達致書山東沂州的王宣，策動其父子反元。」

對士兵則**嚴加約束**。

《明太祖實錄．卷二十六》：「（1367年）上（朱元璋）親祭上、下神祇於北門之七里山……大召諸將士諭之曰：『今命爾諸將，各率所部，以定中原……勿妄殺人，勿奪民財，勿毀民居，勿廢農具，勿殺耕牛，勿掠人子女……』」

一套組合拳下來，

使得北伐行動**獲得了**天下百姓的**支持**。

南炳文、湯綱《明史》：「朱元璋北伐軍隊紀律嚴明，戰略部署正確，以及北伐檄文在安定民心和瓦解敵軍方面起了一定的作用……」

當一切都**準備充足**，

元璋喵這才**正式動手**。

公元1367年，

元璋喵二十五萬大軍**全線出擊**。

《明史・卷一》：

「（1367年）甲子，徐達為征虜大將軍，常遇春為副將軍，帥（率）師二十五萬，由淮入河，北取中原。」

白壽彝《中國通史》：

「（1367）十月二十一日，元璋正式下令，命中書右丞相徐達為征虜大將軍、中書平章常遇春為副將軍，率軍25萬，由淮入河，北取中原。」

沿線元軍幾乎一觸即潰，

根本**無力阻擋**。

《明史・卷一》：

「（1367年）十一月辛巳，湯和克慶元……辛丑，徐達克益都……張興祖下東平，兗東州縣相繼降。己酉，徐達下濟南。」

《明史・卷二》：

「洪武元年（1368年）春正月……周德興克全州。丁酉，鄧愈克南陽。己亥，徐達徇汴梁……大破元兵於洛水北，遂圍河南。梁王阿魯溫降，河南平……馮勝克潼關……」

而此時的**元朝廷**呢，

還在**內鬥**……

呃……

白壽彝《中國通史》：

「至正二十八年（1368）正月，朱元璋即皇帝位……北伐正按既定方針向大都逼近，而元朝統治集團內部依然無止境地你爭我鬥。」

皇帝看軍閥**不順眼**，

陛下！事態緊急，快安撫一下大帥吧！
我不要！

邱樹森《元朝史話》：

「元順帝本來就與擴廓不合，又忌他兵權太重。」

《元史・卷四十七》：

「（1368年）二月壬寅朔，（元順帝）詔削擴廓帖木兒爵邑，命禿魯、李思齊等討之……」

軍閥按兵**不動**，坐視**不理**。

哼，我不要！
大帥！打過來了，快過去救駕吧！

《元史・卷四十七》：

「（1368年）秋七月癸酉，京城紅氣滿空，如火照人……甲子，擴廓帖木兒自晉寧退守冀寧。大明兵至通州。」

邱樹森《妥懽貼睦爾傳》：

「元都已危在旦夕，擴廓依然抱著觀望態度。元朝統治集團矛盾重重，以致分崩離析，連勤王之師亦無法召集。」

這樣還**打個什麼**啊……

公元1368年，

元朝首都**被攻破**，

《明史．卷二》：

「（1368年）八月己巳，（朱元璋）以應天為南京，開封為北京。庚午，徐達入元都，封府庫圖籍，守宮門，禁士卒侵暴……」

元朝兵敗，殘餘勢力**逃往北方**草原。

《明史紀事本末．卷八》：

「（1368年）丙寅，達率諸將入通州，是月二十七日也。元主（元順帝）聞報大懼……元主及后妃太子開建德門，由居庸北走……」

白壽彝《中國通史》：

「至正二十七年（1367）十月，朱元璋又調集精銳部隊……（1368）八月攻克元朝的首都大都（今北京），元順帝慌忙棄城出走，逃亡漠北……」

這一切僅僅過了**9個月**。

軍事科學院《中國軍事通史》：「從至正二十七年（1367年）十月二十一日到二十八年（1368年）八月初二日，明軍用了9個多月的時間，就完成了北上滅元的作戰任務。」

從此，大元皇朝**結束**了在華夏大地的**統治**。

軍事科學院《中國軍事通史》：「洪武元年(1368年)八月初二日，徐達率明軍自東面齊化門進入大都，元朝遂告滅亡……北上滅元的戰略任務已全部完成。」

這個由**草原**崛起的**政權**，

依靠所向無敵的**鐵騎征服**了遼闊的**疆土**。

張豈之《中國歷史·元明清卷》：「1206年春，鐵木真在斡難河源召開貴族大會，即大汗位，建立大蒙古國。」

邱樹森《妥懽貼睦爾傳》：「蒙古各部統一後，從漠北開始向外擴張，經過幾十年的爭戰，先後滅夏、滅金、滅南宋，實現了全國的大統一。」

但最終則因為**內鬥**和**忽視民心**，
回到了最初的起點。

蔡美彪《中國通史》：
「元朝自成宗以後到韓林兒、劉福通發動農民大起義的近半個世紀中，長期陷入皇位爭奪的紛爭……」「世祖、成宗無法解決的財政危機，武宗以後各朝繼續惡化……人民遭受著日益嚴重的壓榨。政權腐敗，貪賄成風，整個社會處在極度黑暗的統治之下。」

而在華夏大地上，一個**新的皇朝**誕生了，

這就是**明朝**。

張豈之《中國歷史・元明清卷》：
「北逃的元順帝及其子孫在此後一段時間裡仍以大元之名號令部眾，史稱『北元』，但作為中國歷代統一王朝之一的元朝已經不復存在，被新興的明王朝所取代。」

而元璋喵則成為了這個新興皇朝的**開國皇帝**。

《明史・卷二》：
「洪武元年（1368年）春正月乙亥，（朱元璋）祀天地於南郊，即皇帝位。定有天下之號日明，建元洪武。」

作為原本社會的**最底層**，
元璋喵艱苦**奮戰十六載**。

邱樹森《元朝史話》：
「朱元璋從1352年參加郭子興部隊到1368年（洪武元年）建立明朝為止的十六年內，從一個默默無聞的小頭目，穩紮穩打，逐漸壯大，經過南征北戰，削平群雄，最後推翻元朝，建立了新的封建王朝——明朝。」

他出身**貧農**，

《皇明本紀》：

「大明皇帝（朱元璋），濠、泗州人也，姓朱氏，世為農業。」

《明史紀事本末·卷一》：

「太祖（朱元璋）生於元天曆戊辰（1328年）之九月丁丑……少時嘗苦病，父欲度為僧。歲甲申，泗大疫，父母兄及幼弟俱死，貧不能殮……」

《明史·卷一》：

「至正四年（1344年），旱蝗，大饑疫……太祖（朱元璋）孤無所依，乃入皇覺寺為僧。逾月，遊食合肥……凡歷光、固、汝、潁諸州三年，復還寺。」

白壽彝《中國通史》：

「他（朱元璋）一路乞討，一路流浪，在外漂泊了整整三年，直到至正七年（1347）底，鄉訊平安，才回到寺裡。」

做過**遊僧**，

從**最小**的**士兵**做起，

《明史·卷一》：

「（至正）十二年（1352年）春二月，定遠人郭子興與其黨孫德崖等起兵濠州……（朱元璋）遂以閏三月甲戌朔入濠見子興。子興奇其狀貌，留為親兵。」

最終成為了**君臨天下**的帝王，

白壽彝《中國通史》：
「十六年的戎馬生涯，朱元璋終於由一個橫笛牛背的牧童、小行僧，開天闢地，成為開國皇帝……」

可以說是**一代傳奇**。

蔡美彪《中國通史》：
「明太祖朱元璋則是出身於真正的貧苦農民，由起義農民的領袖轉化為地主階級的首腦。一介貧苦農民成為一代開國皇帝，明太祖可謂千古一人。」

然而元朝多年的統治留下了**許多問題**，

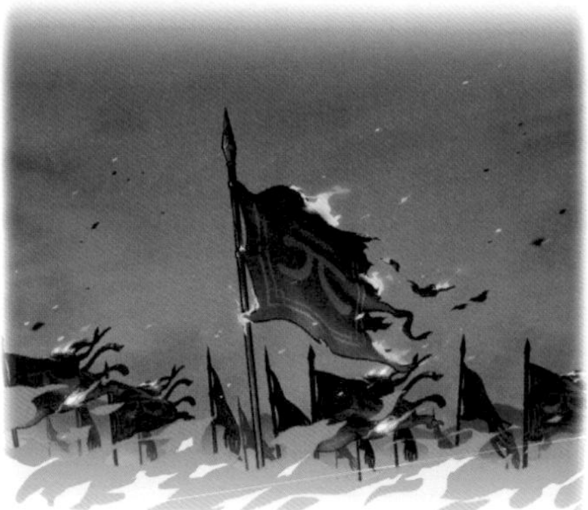

王天有《明朝十六帝》：
「元末農民大起義的洪流把朱元璋推向了廣闊的歷史舞台，推上了明王朝皇帝的寶座，而擺在他面前的是更大的難題：統治國家。」
白壽彝《中國通史》：
「洪武初年，官僚機構基本上沿襲元代。在實踐中，朱元璋漸漸感到其中的弊端……」

十幾年的戰火也使天下**飽受蹂躪**。

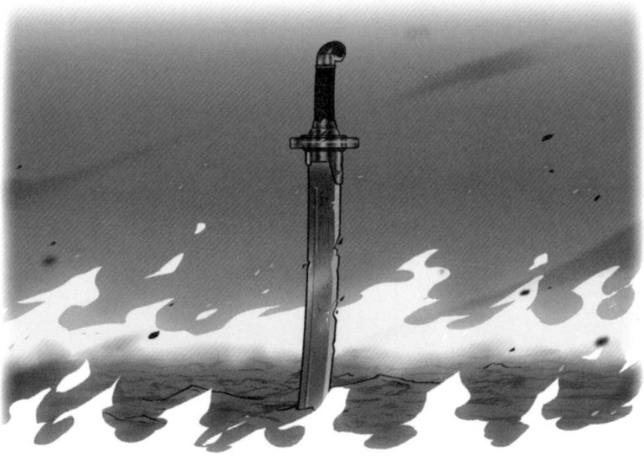

婁曾泉、顏章炮《明朝史話》：
「元朝末年，經過近二十年的戰爭，人民轉徙流離，或死於飢荒，或亡於戰火，到處是灌莽彌望，一片荒涼景象，社會經濟遭到嚴重破壞。」

面對這些困難，
元璋喵要**如何解決**呢？

（且聽下回分解。）

編者按

元朝自1271年建立，至1368年被推翻，存在不足百年，在中國多個大一統的皇朝中算是比較「短命」的，這有著多方面的原因。首先，元朝從一開始就實行不平等的民族制度。它對各族人民區別對待，對占人口比重最高的漢族進行各種壓迫，讓元朝早早就失去了民心。其次，元朝內部的政治環境很不穩定。從元朝的第二任皇帝開始，皇權的更替就伴隨著大量的政治內鬥。其結果是皇帝在位時間短，權臣不斷湧現，國家政策也因此來回地更改。即使有少數在位時間長的皇帝，往往也只是前期勵精圖治，後期就開始腐化墮落。在這樣的大前提下，元朝雖然也出現過不少人才，但都不能從根本上消除元朝的弊病，被推翻就難以避免了。

朱元璋——煎餅（飾）

元順帝——湯圓（飾）

參考來源：《明史》、《元史》、《明太祖實錄》、《明史紀事本末》、吳晗《朱元璋傳》、韓儒林《元朝史》、白壽彝《中國通史》、傅樂成《中國通史》、翦伯贊《中國史綱要》、蔡美彪《中國通史》、邱樹森《妥懽貼睦爾傳》及《元朝史話》、軍事科學院《中國軍事通史》、[德]傅海波和[英]崔瑞德《劍橋中國遼西夏金元史》、張豈之《中國歷史．元明清卷》、周良霄和顧菊英《元史》、南炳文和湯綱《明史》、朱紹侯《中國古代史》、王天有《明朝十六帝》、婁曾泉和顏章炮《明朝史話》

附 錄

【痛失愛將】

朱元璋手下有個叫常遇春的大將，
他戰鬥力超強，
從沒打過敗仗。
但他在北伐返途中病死了，
讓朱元璋很傷心。

【半夜溜走】

元朝末代皇帝很膽小，
他聽說朱元璋的北伐大軍
已經打到了都城附近，
想的不是抵抗，
而是半夜逃跑了。

【雪上加霜】

當元朝統治搖搖欲墜時，
首都還爆發了飢荒，
有近百萬人因此喪命。

百群喵檔案

湯圓小劇場

《湯圓的水杯》

廁所
饅頭，你還好嗎？
怎麼突然就拉肚子？
是吃錯什麼了嗎？
我只喝了你桌上的茶……
廁所
那個呀……是我的減肥茶……
你不早說！

《湯圓的料理》

饅頭，你們今晚過來吃飯嗎？
我親自下廚哦！♥
不了吧……
吃火鍋哦！
我覺得行。
那應該不會有問題吧？
歡迎光臨！
女巫！

湯圓

水瓶座

生日：2 月 14 日

身高：168 公分

喜歡的電影類型：文藝主題

假期的計畫：學習做菜

（湯圓擬人介紹）

湯圓的像素世界
tangyuan's pixel world

第一百四十九回 ◉ 洪武之治

公元1368年，

華夏大地上誕生了一個**新**的**大一統皇朝**，

蔡美彪《中國通史》：

「同年（1368年）八月，征虜大將軍徐達領兵攻下元大都……先後降服占據廣東的何真和四川的夏國明升，元末農民戰爭中建立的政權，歸於一統。」

這就是**明朝**。

白壽彝《中國通史》：

「至正二十八年（1368）正月初四，在北伐中原期間，朱元璋正式建立了明皇朝，建元洪武，建都應天府。」

張豈之《中國歷史．元明清卷》：

「經過長期征戰，明朝囊括了元朝的大部分疆土，成為中國歷史上又一個強大的統一政權。」

雖然是個嶄新的皇朝，

但頭痛的**問題**卻**一樣不少**。

經過多年的混戰，田地**荒蕪**，

《明史．卷七十七》：
「元季喪亂，版籍多亡，田賦無準……中原田多蕪……」
翦伯贊《中國史綱要》：
「經過元末的長期戰亂，明初社會經濟十分凋敝，在全國各地，特別是在北方出現了大量的拋荒土地……」

百姓數量**銳減**。

張豈之《中國歷史．元明清卷》：
「元、明之際受戰亂影響，戶口嚴重減耗，到處充斥著『居民鮮少』、『人煙斷絕』之類記載。」

怎麼說呢……簡直**頭大**！

婁曾泉、顏章炮《明朝史話》：
「元朝末年，經過近二十年的戰爭……社會經濟遭到嚴重破壞。同時，元朝政權垮台之後，蒙古貴族退居漠北，仍然保有一定的力量……統治集團之間爭權奪利的矛盾也日益劇烈。這一切都危及新王朝的統治。」

而要面對這些難題的便是大明的**開創者**，

他就是明太祖**朱元璋喵**。

白壽彝《中國通史》：
「明太祖朱元璋以一介貧民，角逐於群雄之間，最終推翻元朝統治，一統天下，建立明皇朝。」

作為一個從平民一路升級上來的皇帝，
元璋喵**深知**國家穩定和發展的**重要性**。

朱紹侯《中國古代史》：
「明太祖是個雄才大略的封建政治家。他善於總結歷代王朝興衰的經驗教訓，深知居安慮危、處治思亂的治國方策。由於他出身寒微，又親歷過元末農民起義，比較瞭解下層百姓的要求，懂得治亂安危和百姓境遇好壞的密切關係。」

所以他非常**努力工作**，

《明太祖實錄．卷五十八》：

「（1370年）戊戌，上（朱元璋）大宴諸臣。宴罷，因曰：『創業之際，朕與卿等，勞心苦力，艱難多矣。今天下已定，朕日理萬機，不敢斯須自逸。誠思天下大業，以艱難得之，必當以艱難守之……』」

文件**從早**看**到晚**，

吳晗《朱元璋傳》：

「（朱元璋）每天天不亮就起床辦公，批閱公文，一直到深夜，沒有休息，沒有假期，也從不講究調劑精神的文化娛樂。」

生活上也非常**節儉**。

《明太祖寶訓．卷三》：

「洪武十六年（1383年）七月庚戌，太祖（朱元璋）謂侍臣曰：『自古王者之興，未有不由於勤儉。其敗亡，未有不由於奢侈……朕每思念至此，未嘗不惕然於心。故必身先節儉，以訓於下。』」

不但**宮殿**往**簡單**了去建，

《明史・卷一》：
「（1366年）十二月，韓林兒卒。（朱元璋）以明年為吳元年，建廟社宮室，祭告山川。所司進宮殿圖，命去雕琢奇麗者。」

連車子上的**裝飾**都要**縮水***。

《明太祖實訓・卷三》：
「洪武元年（1368年）八月，是月，有司奏造乘輿服御諸物，應用金者，（朱元璋）命皆以銅代之……」

* 縮水：指分量減少。

可以說在**勤勞樸素**上，
元璋喵已經做到了皇帝中的**極致**。

《明太祖實訓・卷四》：
「（1385年）十一月甲子，太祖（朱元璋）諭侍臣曰：『……朕思微時兵荒飢饉，日食藜藿。今日貴為天子，富有天下，未嘗一日忘於懷。故宮室器用一從樸素，飲食衣服皆有常供，惟恐過奢，傷財害民也。』」

然而國家的新生和政權的鞏固，

光靠這些可遠遠**不夠**。

他需要做**幾方面**的工作。

> 南炳文、湯綱《明史》：
> 「朱元璋對歷史經驗是十分重視的，他經常閱讀歷史書籍，從中吸取經驗教訓……尤其是元朝『得天下』和『失天下』的興衰歷史，更成為他實行統治的借鑑。為了保住朱明王朝能夠長治久安，他對政治制度作了一番改革。」

首先是**強化皇權**。

> 南炳文、湯綱《明史》：
> 「朱元璋不願意做無所事事的傀儡皇帝，他要按照自己的意志來治理天下，這就必須加強皇權。」

在古代，**皇帝**是**天下之主**，

白鋼《中國政治制度通史》：
「封建社會裡，皇帝的寶座設在權力的峰巔，誰坐上這把金交椅，誰就可以叱吒風雲，俯視一切，擁有臣民、土地、財富、榮譽，從而隨心所欲。」

而丞相是**百官之首**。

白鋼《中國政治制度通史》：
「明初成立的中書省組織龐大，品級高，職權重。有左、右丞相，均正一品。」
韋慶遠、柏樺《中國政治制度史》：
「吏、戶、禮、兵、刑、工六部僅是中書省下屬的機構，六部的領導人尚書、侍郎等不過是丞相的屬員……任丞相的人更是僅處在皇帝一人之下，高踞於百官之上的權要。」

丞相幫助皇帝**管理朝政**，

《元史．卷八十五》：
「右丞相、左丞相各一員，正一品，銀印，統六官，率百司……總省事，佐天子，理萬機。」

可到了元朝，
因為**頻繁**的**皇位之爭**，

韋慶遠、柏樺《中國政治制度史》：
「忽必烈雖然確立了預立太子制度，但圍繞皇位繼承而進行的鬥爭一直沒有停息，可說與元代相終始。」
翦伯贊《中國史綱要》：
「從武宗至大元年（1308年）至順帝元統元年（1333年）二十五年間，換了八個皇帝。由於爭奪帝位，蒙古貴族之間長期相互傾軋，往往演成內戰。」

皇帝則需要用權力來**收買**擁護自己的**大臣**。

〔德〕傅海波、〔英〕崔瑞德《劍橋中國遼西夏金元史》：
「元中期權臣的興起在蒙元歷史上是前所未有的……頻繁的帝位爭奪削弱了皇權，對希望奪得帝位的人來說，官僚的支持亦遠比依靠諸王的支持重要，官僚的權力因此而更加膨脹。」

而這些大臣
又往往**把持**著**丞相之位**，

《新元史·卷二二四》：
「致和元年（1328年），泰定帝崩。八月，燕鐵木兒起兵於大都，遣明里董阿至江陵，迎文宗……」
白鋼《中國政治制度通史》：
「文宗即位後，為報答燕鐵木兒的推戴擁立之功，特於至順元年（1330）二月下詔：『昔在世祖，嘗以宰相一人總領庶務，故治出於一，政有所統。今燕鐵木兒為右丞相……』」

他們不僅可以**操控國事**，

《元史·卷一三八》：
「至順元年（1330年）五月乙丑，帝（元文宗）又以屢頒寵數未足以報大勛，下詔命獨為丞相以尊異之。略曰：『燕鐵木兒勛勞惟舊，忠勇多謀……凡號令、刑名、選法、錢糧、造作，一切中書政務，悉聽總裁……』」

甚至還能**壓制皇帝**。

〔德〕傅海波、〔英〕崔瑞德《劍橋中國遼西夏金元史》：
「燕鐵木兒和蔑兒乞部人伯顏是強臣專權的代表。他們是名副其實的帝王廢立操縱者，他們還從各方面控制著政府的活動。權臣的興起，削弱了皇帝的權威及群臣對他的效忠。」

可以說元朝禍亂的**源頭**也正是於此。

〔德〕傅海波、〔英〕崔瑞德《劍橋中國遼西夏金元史》：
「帝位繼承危機的不斷出現，權臣和官僚派系的興起，加劇了元中期政治的紊亂和政策搖擺，並且削弱了元朝政府。」

這在元璋喵看來可是**不允許**的。

韋慶遠、柏樺《中國政治制度史》：

「明初的中書省組織龐大，職權很重，這一部門遠承古代的宰相（丞相）制度……中書省不但有『綜理機務』的職權，而且全國各級各部門給皇帝上的奏報，也規定要『先白中書省』……是為全力獨攬大權的明太祖朱元璋所不能接受的。」

於是乎，統領百官的**丞相**，

傅樂成《中國通史》：

「中國舊制，宰相是全國的政治中心，綜理大政，對皇帝負責。明初設官，仍沿襲元制，以中書省總政務，左右丞相主之，下設六部。」

他給**廢**了。

《明史・卷二》：
「（洪武）十三年（1380年）春正月戊戌，左丞相胡惟庸謀反，及其黨御史大夫陳寧、中丞塗節等伏誅。癸卯，大祀天地於南郊。（朱元璋）罷中書省，廢丞相等官……」

統領全國軍事的**大都督府**，

《明史・卷八十九》：
「初，太祖（朱元璋）建統軍元帥府，統諸路武勇，尋改大都督府。以兄子文正為大都督，節制中外諸軍。京城內外置大小二場，分教四十八衛卒。」

他也給**廢**了，

《明史・卷八十九》：
「已，又分前、後、中、左、右五軍都督府。」
朱紹侯《中國古代史》：
「洪武初年，由大都督府的大都督節制中外諸軍。洪武十三年（1380年）正月，改大都督府為中、左、右、前、後五軍都督府……」

軍政權力都要**集於**皇帝**一身**。

白壽彝《中國通史》：

「洪武十三年（1380）朱元璋以『擅權植黨』罪名誅殺了胡惟庸，趁機取消了中書省，廢除丞相……丞相制的廢除，宣佈了中國一千多年宰相制度的終結，也使朱元璋成了歷史上權力最大的皇帝。」「（1380）朱元璋也廢除統管全國軍事的大都督府……軍權集於皇帝一身。」

此外元璋喵還設置了**監察機構**，

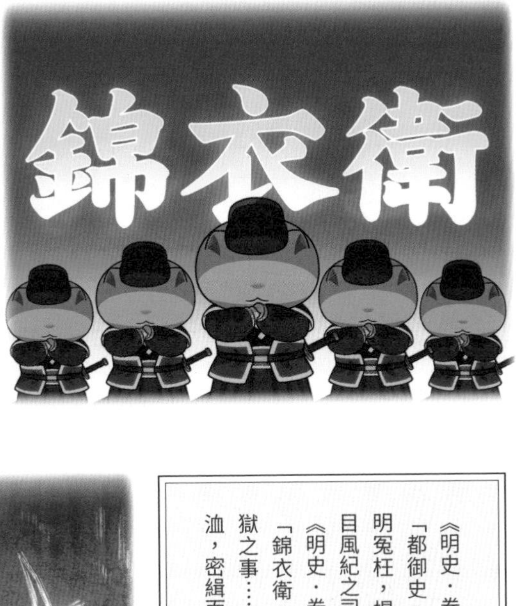

白壽彝《中國通史》：

「洪武十五年（1382），朱元璋把負責警衛的親軍都督府的儀鸞衛改為錦衣衛，授以偵察、緝捕、審判、處罰罪犯的大權……」「洪武十五年（1382），朱元璋又對朝廷監察機構進行了改革。將御史台改為都察院，設左、右都御史。」

監視百官。

《明史·卷七十三》：

「都御史，職專糾劾百司，辯明冤枉，提督各道，為天子耳目風紀之司。」

《明史·卷七十六》：

「錦衣衛，掌侍衛、緝捕、刑獄之事……盜賊奸宄，街途溝洫，密緝而時省之。」

這些措施下來，
明朝的皇權得到了**空前**的**強化**。

南炳文、湯綱《明史》：
「朱元璋對中央和地方行政機構的改革，尤其是中書省和丞相制的廢除，是我國封建社會制度史上的重要事件，這使皇帝擁有了更多的權力，成了真正的獨裁者。」

然而光強化集權還是不夠的，
國家要存活始終還得靠**經濟**。

商傳《明太祖朱元璋》：
「朱元璋建立了大明朝，他知道，要想讓國家能夠正常運轉，就必須讓國庫裡面有錢有糧……首要的工作是恢復生產，讓老百姓安居下來。」

長年的戰亂使國家多了很多**無主荒地**，

白壽彝《中國通史》：
「朱元璋即位伊始，幾近二十年戰亂的中華大地，卻是遍地荊棘、滿目瘡痍。特別是山東、河南地區，受戰爭破壞最重，『多是無人之地』……」

於是開闢耕田和增加喵民成了**頭等大事**。

《明太祖實錄·卷三十七》：
「（1368年）辛卯，以宋冕為開封府知府，上（朱元璋）諭之曰：『……今喪亂之後，中原草莽，人民稀少，所謂田野辟、戶口增，此正中原今日之急務，若江南則無此曠土流民矣！汝往治郡，務在安輯民人、勸課農桑……』」

元璋喵下令只要**肯開荒**就能**免三年**的**租稅**，

翦伯贊《中國史綱要》：
「洪武元年（1368年），朱元璋下令農民歸耕，承認已被農民耕墾或即將開墾的土地都歸農民自有，並分別免除三年徭役或賦稅。」

如果有地方官**敢**跑去**徵稅**，

那他……可就**完蛋**了……

白壽彝《中國通史》：

「為了安定社會，恢復生產，朱元璋鼓勵開墾荒地。洪武三年（1370）下令：北方郡縣荒蕪田地，不限畝數，全部免三年租稅……若地方官有去徵稅危害百姓的，要以法治罪。」

而為了**加速荒地**的**開發**，

元璋喵還採取**移民**的辦法。

張岂之《中國歷史·元明清卷》：

「移民屯田是明朝前期墾荒政策當中的一項重要內容。」

有些地方**田少喵民多**，

他就將一部分喵民遷到**地廣喵民少**的地方。

白壽彝《中國通史》：「為了加速荒地的開發，朱元璋還採取了移民屯種的辦法，把農民從人多田少的地方遷到人少地廣的地方。」

這些喵民不僅可以**免三年稅**，還給他們提供**路費**和**生產材料**。

《明太祖實錄．卷五十三》：「（1370年）上（朱元璋）諭中書省臣曰：『蘇、松、嘉、湖、杭五郡地狹民眾……臨濠，朕故鄉也，田多未闢，土有遺利，宜令五郡民無田產者往臨濠開種，就以所種田為己業，官給牛種舟糧，以資遣之，仍三年不徵其稅。』」

這些措施大大**刺激**了農民開墾的**積極性**，

王天有《明朝十六帝》：「為了使土地儘快得到開墾利用，朱元璋還採取了移民屯種的辦法……由朝廷給耕牛、種子、路費，還免去賦稅三年……大大刺激了農民開墾、耕種土地的積極性，也使大量土地得到開發利用。」

同時也**保證**了國家的**財政**。

太好了……
明
+1

王毓銓《中國經濟通史》：

「田野辟的結果，是糧食供應比較充足，稅糧收入增加，洪武十四年（1381年）2600餘萬石，二十四年（1391年）上升為3200餘萬石，此後一直保持在3000萬石左右。」

此外，元璋喵還**重視水利**建設，

水利

《明史．卷八十八》：

「明初，太祖（朱元璋）詔所在有司，民以水利條上者，即陳奏……分遣國子生及人材，遍詣天下，督修水利。」

各種**防備旱澇**的工程**不計其數**。

溧陽銀墅東壩河
長樂海堤
海鹽海塘
登州蓬萊閘河
涇陽洪渠堰
上海胡家港
和州銅城堰閘

白鋼《中國政治制度通史》：

「洪武二十八年（1395年）統計，全國共開塘堰40987處，疏浚河道4162處，修建陂堤渠岸5000多處。」

可以說，但凡是**百姓**的事他都**非常在乎**。

《明太祖實錄．卷二五〇》：

「（1397年）壬辰，上（朱元璋）罷朝，坐奉天門，因與群臣論民間事。上曰：『四民之業，莫勞於農，觀其終歲勤勞，少得休息……朕一食一衣，則念稼穡、機杼之勤……百姓足而後國富，百姓逸而後國安，未有民困窮而國獨富安者……』」

南炳文、湯綱《明史》：

「朱元璋對貪官污吏的懲治和用法之嚴酷是歷史上所罕見的。」

《明太祖寶訓．卷六》：

「洪武六年（1373年）二月壬寅，（朱元璋）命御史台令監察御史及各道按察司，察舉天下有司官有無過犯，奏報黜陟。太祖諭台臣曰：『……貪虐之徒，雖小罪，亦不赦也。』」

而對**貪官**他則**絕不手軟**，

基本上發現一個就**砍**一個。

《廿二史劄記．卷三十三》：

「明祖（朱元璋）嚴於吏治，凡守令貪酷者，許民赴京陳訴，贓至六十兩以上者，梟首示眾，仍剝皮實草，府州縣衛之左，特立一廟以祀土地，為剝皮之場，名曰皮場廟，官府公座旁各懸一剝皮實草之袋，使之觸目警心。」

僅僅是1385年那一年，
他就**幹掉**了**幾萬名貪官**。

婁曾泉、顏章炮《明朝史話》：
「洪武十八年（1385），有人告發北平二司官吏和郭桓通同舞弊，貪污稅糧。朱元璋把六部左右侍郎以下的官都處死刑，追贓糧七百萬石。供詞牽連到各布政使司官吏，又殺了幾萬人。」

實在是**嫉惡如仇**……

蔡美彪《中國通史》：
「明太祖起義前即對元末貪官污吏的刻剝深為嫉恨，也深知官吏貪污橫行對朝廷統治的危害。他即位後即採取極為嚴厲的措施，懲治貪污。」

在長達兩千多年的封建社會中，
元璋喵是**唯一**一個真正**平民出身**的皇帝。

蔡美彪《中國通史》：
「中國歷史上，農民戰爭曾經多次推倒舊王朝，但農民軍建立起來的新王朝，卻只有漢朝和明朝。漢高祖劉邦起義前是沛縣亭長，可算來自底層。明太祖朱元璋則是出身於真正的貧苦農民……」

他手腕強硬，
使**皇權**達到了一個**新的頂峰**。

蔡美彪《中國通史》：
「明太祖初即位，沿襲元朝的統治制度，分置官屬，建立起明朝的統治。在位期間，一再對原有制度進行改革，使朝廷軍政大權更加集中於皇帝……比宋元等朝，權力更加集中，專制統治也更為加強了。」

但他同時也關心民間疾苦，
使元末以來
凋敝的社會**經濟**得到了**恢復**。

《明太祖寶訓．卷三》：
「(1385年)七月戊寅，太祖(朱元璋)問近臣天下百姓安否……曰：『……朕為天下主，心常在民，惟恐其失所。故每加詢問，未嘗一日忘之。』」
白壽彝《中國通史》：
「明太祖朱元璋注意到大亂之後休養生息對鞏固政權的必要……使明朝初期的農業生產逐漸得到恢復和發展。」

他在位的三十多年間，
耕地和喵民**數量**大幅**增長**，

《明史．卷七十七》：
「洪武二十六年(1393年)，天下戶一千六十五萬二千八百七十，口六千五十四萬五千八百十二……太祖(朱元璋)當兵燹之後，戶口顧極盛。」
翦伯贊《中國史綱要》：
「洪武二十六年(1393年)，全國的田土包括官田、民田、舊額、新墾已達8507623頃，比元末增長了4倍有餘。」

國家的**收入**也不斷**增加**，

翦伯贊《中國史綱要》：
「洪武十八年（1385年），全國收入麥、米、豆、谷20889617石，到二十六年增加為32789800石，比元代差不多增長了兩倍。」

使大明朝**走出**了初生的**困境**，

白鋼《中國政治制度通史》：
「經過明初一系列休養生息政策的推行，中華大地生產有了恢復和發展，社會秩序得以穩定。」

史稱「**洪武之治**」。

項懷誠《中國財政通史》：
「由於朱元璋所推行的各項政令在客觀上順應了生產力發展的需要，明初的經濟得到了迅速的恢復，後世稱之為『洪武之治』。」

然而作為一個新帝國，

明朝還有**很多**未知的**挑戰**。

白壽彝《中國通史》：

「朱元璋在政治、經濟、軍事、法律等方面的一系列改革，無疑對鞏固明皇朝的統治有著重要的作用……也給明皇朝的統治埋伏了危機。」

那麼將會有**什麼故事**呢？

（且聽下回分解。）

編者按

在中國歷代君王中，朱元璋堪稱一代傳奇。他是中國古代唯一一個赤貧出身、卻能建立大一統皇朝的皇帝，也是唯一一個由南向北實現統一的開國之君。而作為帝國的創立者，他也有許多過人之處。自幼貧苦的經歷和元末農民起義的教訓，使他非常重視民心，這被他視為國家能夠千秋萬代的根本。所以，他從即位之初就通過各種手段恢復民生、發展農業，讓百姓在飽經戰亂後過上了和平穩定的生活。然而，朱元璋的一些做法也存在不少爭議。例如，他殺了許多開國功臣，也喜歡用嚴刑峻法。例如，他曾以丞相胡惟庸要謀反為由，大興刑獄，連坐了三萬多人，包括開國第一功臣李善長也死於其中，搞得朝堂人心惶惶。

朱元璋——煎餅（飾）

參考來源：《元史》、《新元史》、《明史》、《明太祖實錄》、《明太祖寶訓》、《廿二史劄記》、白壽彝《中國通史》、蔡美彪《中國通史》、傅樂成《中國通史》、翦伯贊《中國史綱要》、南炳文和湯綱《明史》、白鋼《中國政治制度通史》、韋慶遠和柏樺《中國政治制度史》、張豈之《中國歷史·元明清卷》、婁曾泉和顏章炮《明朝史話》、朱紹侯《中國古代史》、吳晗《朱元璋傳》、商傳《明太祖朱元璋》、［德］傅海波和［英］崔瑞德《劍橋中國遼西夏金元史》、王天有《明朝十六帝》、王毓銓《中國經濟通史》、項懷誠《中國財政通史》

附錄

【熱愛史書】

朱元璋很愛從史書中學習
治理國家的經驗。
他讀過的史書多達七十種，
讀完還經常和學者們討論。

【推廣棉花】

明代前，棉花非常珍貴。
朱元璋即位後大力推廣棉花種植，
規定多種棉花的農戶不用交稅。

【操勞致病】

朱元璋早年生活艱苦，
稱帝後也非常辛勞，
這導致他晚年身體很差，
經常生病、做噩夢。

百群喵檔案

油條小劇場

《上學路上 1》

《上學路上 2》

油條

射手座

生日：12 月 5 日

身高：185 公分

喜歡的電影類型：競技主題

假期的計畫：參加競技比賽

（油條擬人介紹）

油條的像素世界
youtiao's pixel world

下回再見！

第一卷
《如果歷史是一群喵1：夏商西周篇》

第二卷
《如果歷史是一群喵2：春秋戰國篇》

第三卷
《如果歷史是一群喵3：秦楚兩漢篇》

第四卷
《如果歷史是一群喵4：東漢末年篇》

第五卷
《如果歷史是一群喵5：亂世三國篇》

第六卷
《如果歷史是一群喵6：魏晉南北篇》

第七卷
《如果歷史是一群喵7：隋唐風雲篇》

第八卷
《如果歷史是一群喵8：盛世大唐篇》

第九卷
《如果歷史是一群喵9：五代十國篇》

第十卷
《如果歷史是一群喵10：宋遼金夏篇》

第十一卷
《如果歷史是一群喵11：南宋金元篇》